SORTIR DE L'IMPASSE

LE TEMPS DE LA SOCIAL-ÉCOLOGIE

DENIS PINGAUD

SORTIR DE L'IMPASSE

LE TEMPS DE LA SOCIAL-ÉCOLOGIE

{LES Petits matins}

Du même auteur :

Une occasion manquée. Retour critique sur la campagne présidentielle de Yannick Jadot, Fondation Jean-Jaurès, 2022.

L'Homme sans com', Seuil, 2013.

Europe-Écologie : électorat volage, électorat stratège, Fondation Jean-Jaurès, 2010.

L'Impossible Défaite, Seuil, 2002.

La Longue Marche de José Bové, Seuil, 2001.

Couverture : Thierry Oziel
Maquette : Marie-Édith Alouf
Correction : Stella Cabaret

10, rue de Chantilly, 75009 Paris

ISBN : 978-2-36383-411-9

Diffusion Interforum – Volumen
Distribution Interforum

SOMMAIRE

À mes parents, récemment partis,
qui m'ont donné le goût de l'écriture et le sens de l'audace

INTRODUCTION
Un 7 juillet en trompe-l'œil

Quand on gagne, il est préférable d'ouvrir les bras plutôt que de les croiser. Dans une démocratie normale et apaisée, le parti ou la coalition ayant obtenu le plus grand nombre de sièges à l'issue du scrutin législatif aurait remercié ses électeurs pour la victoire acquise, rappelé les éléments principaux de son programme et engagé immédiatement des consultations avec certains de ses compétiteurs pour constituer une majorité de gouvernement. Le 7 juillet 2024, au contraire, les bras se sont fermés. Sitôt connues les projections des instituts de sondage, Jean-Luc Mélenchon a appelé le président de la République à nommer un Premier ministre issu des rangs du Nouveau Front populaire pour mettre en œuvre « tout son programme, rien que son programme ».

Il n'a pas été le seul à camper sur sa position. La majorité présidentielle, bien que défaite, s'est félicitée de la résistance d'un bloc central qui, selon elle, constituerait le socle de base pour nouer des alliances de projets au Parlement afin de gouverner et de légiférer. Les Républicains, qui craignaient la débâcle après la trahison de leur président parti faire alliance avec l'extrême droite, se sont vite repliés dans leur carré pour écarter toute perspective de coalitions contre-nature. Quant au Rassemblement national, surpris par un résultat bien moindre qu'attendu, il a choisi de dénoncer le parti unique «de Macron à Mélenchon» qui l'avait mis en échec par le jeu des désistements républicains entre les deux tours. La culture politique française est empreinte de sectarisme. Elle n'est pas forgée pour entendre le message ambivalent des électeurs: pas de gouvernement d'extrême droite, un appel à surmonter les différences pour une coalition majoritaire.

Le résultat inattendu de ces élections législatives a d'autant plus figé les postures, dans un premier temps, et nourri le feuilleton politique, dans un second, qu'il s'est présenté, au matin du 8 juillet, comme un tableau en trompe-l'œil. La victoire du Nouveau Front populaire? Elle est indiscutable à première vue, mais relative à y regarder de plus près. L'alliance n'a réuni que 28% des suffrages au premier tour et, si elle a accru le nombre de ses députés d'une trentaine, c'est grâce à deux mécaniques électorales qui ont tourné à plein régime: l'unicité de candidature, qui avait déjà permis à la Nupes, en 2022, de récolter cent cinquante sièges, et le front uni contre le Rassemblement national, qui a conduit nombre d'électeurs à privilégier le positionnement plutôt que l'étiquette dans le secret de l'isoloir.

La fin du macronisme? Le Président, sonné, désavoué, humilié par le résultat des élections européennes, a emmené le pays dans une dissolution périlleuse, sur un coup de tête et d'orgueil. Dans son for intérieur, la blessure narcissique était sans doute plus grave que l'avenir de la France. Le voilà affaibli mais pas dissous. Bien que divisée en clans déjà rivaux pour l'élection présidentielle prévue en 2027, son assise parlementaire compte un nombre suffisant de partisans pour empêcher à terme toute alliance qui se profilerait sans elle. À la manœuvre, Emmanuel

Macron conserve l'atout maître constitutionnel du choix du Premier ministre, qui, dans tous les cas, a besoin de rassembler une majorité durable ou ponctuelle sous peine d'être censuré.

La défaite du Rassemblement national? Le sursaut républicain l'a privé d'un triomphe pronostiqué au soir du premier tour. Il ne faut cependant pas oublier que l'extrême droite a réuni alors 10,6 millions de voix, soit 2,5 millions de plus que le score de Marine Le Pen au premier tour de la présidentielle en 2022. Cette poussée considérable s'est finalement traduite par une augmentation très sensible du nombre de ses députés – de 89 à 143 – qui en fait désormais le premier groupe parlementaire à l'Assemblée nationale. Il y a pire échec, qui oblige à rappeler que la classe politique tout entière lui a déroulé le tapis rouge.

Rouge comme le feu qui couve. Les pyromanes se sont activés au grand jour depuis 2017. La droite, d'abord laminée et désorientée par les ralliements à la majorité présidentielle, puis cherchant désespérément à préserver son identité sur les sujets régaliens, a progressivement perdu son âme en servant de pont idéologique aux idées d'extrême droite. Comme partout en Europe, elle s'est retrouvée concurrencée et aspirée par la vague populiste, n'hésitant pas à nouer des alliances honteuses ou à faire siennes des thèses qui feraient bondir ses figures historiques. Aidée par l'armada d'embarcations médiatiques et intellectuelles reconverties dans la défense de l'identité nationale, l'animosité à l'égard du service public et la polarisation du débat politique, elle a préparé le terrain pour attiser les braises.

Primus inter pares, Emmanuel Macron n'a cessé de souffler sur celles-ci. Au nom d'une présidence d'un nouveau type, parée des attributs d'un réformisme libéral mais encline au management autoritaire et solitaire, il a soulevé les gilets jaunes devant l'angoisse des fins de mois, écœuré les millions de manifestants contre la réforme des retraites, pour finir par céder aux sirènes de l'extrême droite sur la question migratoire. Son talent de chef d'entreprise de la maison France et d'administrateur de la maison Europe pour enrayer la pandémie de covid, résister à la crise énergétique ou faire front contre l'invasion russe en Ukraine n'a pas suffi à convaincre l'opinion. L'artiste du «en même temps», le chantre de la raison contre les fantasmes, l'apôtre des chiffres contre les ressentis, le rassembleur du centre contre les extrêmes a délibérément installé le Rassemblement national comme principal opposant et grandement contribué, ainsi, à déculpabiliser le vote populiste. Ses saillies sémantiques, souvent perçues comme méprisantes ou insultantes, en ont été l'un des ferments.

Quant à la gauche, enfermée dans sa culture frondeuse après le quinquennat de François Hollande, qui s'est terminé dans une impasse, elle a perdu la culture de gouvernement au profit d'une radicalité séduisante mais inutile. Elle s'est cantonnée à la dénonciation de la dérive droitière du macronisme, avant d'installer, sous domination insoumise, le bruit et la fureur à l'Assemblée nationale et de dériver, pour sa frange irresponsable, dans des propos douteux en défense de la cause palestinienne. Ignorant les réalités de terrain, parce que réduite à des groupuscules plus soucieux de leurs circonscriptions que de l'avenir des classes populaires, elle s'est coupée de son électorat historique, hormis dans les banlieues défavorisées des grandes agglomérations. Elle a paradoxalement facilité la cristallisation d'un vote protestataire dégagiste vers le Rassemblement national.

Comment sortir de cette polarisation politique qui rend si difficile le gouvernement de la France ? Il y a sans doute une autre voie que celle du Nouveau Front populaire, qui a oublié un peu vite que son illustre ancêtre réunissait bien plus large que la gauche traditionnelle, et qui s'est cantonné à un programme d'inspiration keynésienne, radical et peu crédible. Il est temps qu'émerge une coalition politique qui accepte de considérer que la radicalité sans le pouvoir ne mène à rien. Aujourd'hui, le véritable enjeu est d'imaginer une transition vertueuse et durable, qui rassure et rassemble. Ses partisans aujourd'hui dispersés sur les bancs du Palais-Bourbon peuvent constituer une forme de majorité « verte » à l'Assemblée nationale. Ils doivent oublier les postulats et les anathèmes entre sensibilités politiques démonétisées et sceller d'urgence un compromis historique. Leur programme commun ? Accélérer sur la voie de la décarbonation et, surtout, protéger les plus défavorisés. Assurer leur fin de mois en évitant la fin du monde, garantir leur sécurité sans trier les Français ni dénigrer les immigrés constituent les meilleures armes pour reconquérir l'opinion et empêcher, demain, Marine Le Pen de s'installer à l'Élysée. Telle est la thèse de cet ouvrage.

Tous les clignotants, en effet, restent au rouge. Ils annoncent non seulement de graves désordres climatiques, dont seront victimes en premier lieu les populations fragiles, mais aussi de nouveaux freins à l'activité économique, qui obligeront à repenser le modèle de développement. Les pourfendeurs de l'« écologie punitive » ont beau jeu de dénoncer les normes et les règles dont se plaignent – parfois à juste titre – certaines catégories de la population. Et les hérauts de l'adaptation n'ont pas toujours tort de préconiser une démarche réaliste pour préparer la résilience effective des activités économiques et humaines dans un monde à quelques degrés de plus. Tous se gardent bien, cependant, d'évoquer l'inégalité qui vient et qui nourrit le vote populiste : des riches qui auront les moyens de s'adapter et des pauvres qui subiront la double peine climatique et sociale. La condition d'une bifurcation réussie, justement, est de remettre à l'endroit une société dans laquelle les écarts de revenus et de patrimoine ne cessent de se creuser. Il n'y aura pas de transition heureuse sans transition juste.

Dès lors, les positionnements politiques disparates du camp de la raison climatique devront converger vers plusieurs constats. D'abord, l'idée d'un retour à l'idéal social-démocrate, fondé sur un meilleur partage des fruits de la croissance, est désormais caduque. La sobriété, imposée par la préservation des ressources de la planète, implique des efforts différenciés pour sauvegarder en premier lieu les conditions de vie des plus démunis. Ensuite, l'embarquement de toute la société suppose de revisiter les procédures démocratiques et de rétablir la confiance. Contre toute tentation autoritaire, pour cheminer vers un monde plus durable, le contrat et le consensus avec l'ensemble des acteurs économiques et sociaux – au premier rang desquels les entreprises – sont les boussoles les plus sûres. Enfin, au vu d'une violence politique qui amplifie la voix des extrêmes, l'apaisement du débat démocratique apparaît comme une urgence pressante. Il nécessite un autre langage – débarrassé de ses éléments trop faciles et trop construits, trop financiers et trop technocratiques – qui renoue le lien entre les citoyens et l'action publique.

Cette démarche représente le seul contre-feu possible pour réduire la poussée populiste. La tripolarisation issue des législatives n'est pas une « clarification », comme veut le croire Emmanuel Macron, mais une menace. Sans engagement novateur et inédit de la classe politique progressiste, la gestion conflictuelle, brinquebalante ou aléatoire des institutions ne peut déboucher que sur un esprit de revanche de la part des électeurs. L'échéance de l'élection présidentielle est d'autant moins lointaine qu'une crise politique majeure n'est pas à exclure.

L'incendie n'a pas été éteint le 7 juillet 2024. Pour éviter que le feu ne reparte de plus belle, il faudra bien alors incarner le combat pour une transition heureuse. Qui pour séduire, convaincre et rassembler une majorité de Français ? Qui, dans le camp de la raison climatique et sociale, pour défendre un projet résolu dans ses objectifs, crédible dans ses moyens et attractif dans ses méthodes ? Il est urgent de se préparer à répondre à la question.

CHAPITRE 1
La braise populiste

Le sursaut républicain l'a réduit mais ne l'a pas circonscrit : le feu couve. Depuis longtemps, la demande des électeurs a glissé imperceptiblement vers moins d'idéal et plus d'efficacité. En 2007, ils ont confié les clés du pouvoir à Nicolas Sarkozy, qui promettait d'en finir avec l'impuissance apparente de son prédécesseur, Jacques Chirac. En 2012, ils ont changé de locataire, préférant la normalité revendiquée par François Hollande à la vaine agitation médiatique de son rival. En 2017, puis encore en 2022, ils ont souscrit à l'idée d'Emmanuel Macron d'en finir avec les vieux clivages et les anciennes recettes politiques. Chaque fois, le ressort du changement était finalement moins le programme – toujours vite édulcoré une fois la victoire acquise – que l'espérance d'une méthode porteuse de solutions. Aux yeux des Français, les résultats n'ont pas été à la hauteur des promesses. Pourquoi, dans ces conditions, ne pas « essayer autre chose » ?

La défiance n'a jamais été aussi grande à l'égard du personnel politique. Certes, la tendance s'observe dans tous les grands pays européens, accentuée par la crise du covid, le retour de la guerre aux frontières du continent, la crise énergétique qui s'installe durablement et la persistance des inégalités sociales. Mais elle est particulièrement aiguë en

France, où l'affrontement traditionnel entre progressistes et conservateurs fait place à l'opposition latente entre ce qu'il est convenu de nommer – facilement et grossièrement – le peuple et les élites. Les *«somewhere»*, perdants de la désindustrialisation, victimes de l'insécurité, hostiles à l'immigration, accrochés à leurs racines et délaissés par les partis de gouvernement[1], s'opposeraient désormais aux *«anywhere»*, gagnants de la mondialisation, apôtres de la mobilité, hérauts de l'innovation, tenants de l'individualisme et forces vives de la société[2].

Les premiers, ceux qui sont «quelque part», sont majoritaires dans les sociétés occidentales. Ils s'inquiètent du changement, se replient sur des instincts plus conservateurs et communautaristes. En rêvant à toujours plus de démocratie réelle, ils réclament que les politiques s'occupent avant tout de leur quotidien. Les seconds, ceux qui vivent «n'importe où», sont minoritaires mais influents. Ils prônent toujours plus de liberté dans l'activité économique et sont nettement moins accrochés à l'identité de groupe et au cadre national. Tout en vantant le progrès et la disruption, ils peuvent s'accommoder volontiers d'une résolution plus autoritaire que démocratique des conflits sociaux.

Cet affrontement culturel a nourri nombre de réflexions, ces dernières années, sur la montée du populisme[3]. Pierre Rosanvallon, professeur au Collège de France, y voit une idéologie cohérente qui offre une vision attractive de la société parce que proposant une solution radicale aux

1. Benoît Coquard, *Ceux qui restent. Faire sa vie dans les campagnes en déclin*, La Découverte poche, 2022.
2. David Goodhart, *Les Deux Clans. La nouvelle fracture mondiale*, Les Arènes, 2019.
3. Mathieu Fleurot et Mathieu Souquière, *2022. La Flambée populiste*, Plon/Fondation Jean-Jaurès, 2021.

désordres du présent[4]. Aquilino Morelle, ancien conseiller de François Hollande à l'Élysée et proche d'Arnaud Montebourg, en tire une analyse frontale empruntée à l'historien et essayiste Jacques Julliard : ce serait tout simplement la réponse du peuple à la morgue des élites[5]. Si ces dernières agitent le qualificatif « populiste » – commode et dédaigneux –, ce serait pour mieux discréditer la passion collective face à la raison savante. Celle-ci aurait prétention à gouverner un monde régi principalement par les flux financiers, le droit et la technologie, que la globalisation économique débarrasserait enfin des aléas démocratiques et sociaux.

Dans son ouvrage *Les Ingénieurs du chaos*, antérieur à son succès de librairie *Le Mage du Kremlin*, l'essayiste et romancier Giuliano da Empoli souligne que le monde est entré dans une ère où émerge une nouvelle forme de politique désignée par « l'union de la rage et de l'algorithme[6] ». Aux yeux de leur base électorale, les défauts des leaders populistes auraient tendance à se muer en qualités. Manquent-ils d'expérience du pouvoir ? C'est bien la preuve qu'ils n'appartiennent pas au cercle corrompu des élites. Manient-ils les rodomontades sur les questions internationales ? C'est bien l'illustration de leur indépendance d'esprit. Relaient-ils des théories complotistes forgées par les mécanismes d'autoconviction des réseaux sociaux ? C'est bien la marque de leur liberté de penser.

4. Pierre Rosanvallon, *Le Siècle du populisme. Histoire, théorie, critique*, Points Seuil, 2021.
5. Aquilino Morelle, *La Parabole des aveugles. Marine Le Pen aux portes de l'Élysée*, Grasset, 2023.
6. Giuliano da Empoli, *Les Ingénieurs du chaos*, Folio, 2023.

Le Rassemblement national, du succès de 2022 au triomphe raté de 2024

En Europe, le populisme d'extrême droite prospère sur un rapport au pouvoir marqué par quelques invariants. La mise en cause des élites et du « système » débouche généralement sur une demande pressante de consultation populaire. L'exigence de solutions concrètes et rapides appelle un pouvoir politique suffisamment fort pour mettre en œuvre leur exécution sans effets d'annonce ni débats inutiles. La méfiance vis-à-vis des autorités supranationales implique une volonté souverainiste qui s'affranchisse des logiques de la mondialisation ou des contraintes de l'Union européenne. Le repli nationaliste s'accompagne d'un rejet de l'immigration et d'expressions xénophobes. Traduite en termes politiques, la vague du populisme a consolidé la démocratie illibérale de Viktor Orban en Hongrie, porté la victoire de Giorgia Meloni en Italie, nourri l'influence prégnante de l'extrême droite aux Pays-Bas, en Suède et en Finlande, et déstabilisé les gouvernements en place en Allemagne et en Espagne. Elle attaque la falaise France aujourd'hui.

Avant son résultat spectaculaire aux élections européennes et au premier tour des législatives de 2024, les scrutins de 2022 avaient déjà constitué une victoire indiscutable pour le Rassemblement national. Directeur de recherches au Cevipof, Luc Rouban soulignait combien le score de ce parti traduisait le ressentiment de millions de Français à l'égard d'un système politique qui méconnaîtrait leurs conditions d'existence[7]. Et combien il entrait en résonance avec l'exaspération révélée par le mouvement des gilets jaunes. Une thèse corroborée par la sociologue

7. Luc Rouban, *La Vraie Victoire du RN*, Les Presses de Sciences Po, 2022.

Eva Illouz, qui invoque les émotions telles que la peur, le dégoût, le ressentiment et l'attachement à l'identité pour expliquer le vote populiste[8].

Que s'est-il joué en effet sur les ronds-points dans le foisonnement des modes d'expression et la confusion des cahiers de doléances ? La mise en cause originelle de la fiscalité sur les carburants a vite dérivé sur l'incompétence de l'État et la désertification des services publics. Les inégalités sociales et les difficultés de fins de mois ont mis en lumière le besoin de considération et de solidarité. La spontanéité des formes de mobilisation et le bon sens de certaines revendications se sont heurtés frontalement aux éléments de langage macroéconomiques du pouvoir. Autant d'explications à l'affluence dans ces rassemblements et aux violences dans les cortèges, samedi après samedi.

Fondamentalement, cette crise a révélé l'intensité d'attentes diffuses mais persistantes des Français : être mieux respectés et rémunérés dans leur travail, se sentir davantage consultés sur les décisions qui les concernent directement, retrouver une raison d'être nationale. Cette demande de solidarité, d'écoute et de dignité a trouvé un écho, par la suite, dans les applaudissements quotidiens aux personnels de santé et aux travailleurs de deuxième ligne pendant les confinements, dans les impressionnants cortèges locaux contre la réforme des retraites, mais aussi dans toutes les démonstrations d'hostilité à la personne du président de la République. Le Rassemblement national a non seulement fait fructifier son capital électoral sur cette colère mais, fait nouveau, a réussi à en devenir le porte-parole sur les questions de pouvoir d'achat et de conditions de travail, traditionnellement posées par la gauche.

---

8. Eva Illouz, *Les Émotions contre la démocratie*. Premier Parallèle, 2022.

L'épouvantail n'en est plus un

Ce que l'on nomme la «banalisation de l'extrême droite», ce ne sont pas tant les multiples signaux lancés ces dernières années pour faire oublier les origines historiques ou violentes du mouvement que cette nouvelle formule politique, sociale et conservatrice, qui bruisse dans une France frondeuse et résignée. Le vote pour le Rassemblement national relève d'une volonté de défendre des normes perçues comme menacées et de protéger des citoyens privés de considération et de services publics[9]. D'ailleurs, lors de la présidentielle de 2022, son programme n'était pas si éloigné, sur le terrain de l'économie et du travail, de celui de La France insoumise. C'est ce qui lui a permis d'agréger les suffrages des catégories actives les moins aisées et les moins diplômées de l'électorat. Et de nationaliser son audience, en nette progression dans toutes les tranches d'âge, notamment chez les jeunes. Les européennes et les législatives de 2024 ont confirmé et amplifié la tendance. Le parti est désormais le plus prisé des actifs entre 30 et 50 ans, dominant dans les classes laborieuses et conquérant chez les plus âgés, traditionnellement son point faible.

Cela ne s'explique pas seulement par les contorsions d'une droite radicalisée et déboussolée, d'une majorité présidentielle ambiguë et mal aimée ou d'une gauche unie mais déconnectée. C'est avant tout le fruit d'un changement de perception : le parti de Marine Le Pen est dorénavant perçu comme un parti (presque) comme les autres. Pour la première fois depuis quarante ans, l'opinion considère majoritairement (45 % contre 41 %) qu'il «ne représente

9. Félicien Faury, *Des électeurs ordinaires. Enquête sur la normalisation de l'extrême droite*, Seuil, 2024.

pas un danger pour la démocratie en France[10] ». Fin 2023, les Français estimaient déjà qu'il était plus capable de gouverner le pays que le Parti socialiste (PS) ou les autres formations de gauche, et pas tellement moins que la majorité présidentielle ou la droite républicaine[11]. La relativisation des traits d'image négatifs du parti se conjugue avec l'accentuation de ses traits positifs.

Sa formation repositionnée dans le jeu institutionnel et parlementaire, Marine Le Pen a d'ailleurs pris soin de déserter le spectacle et le vacarme politiques, peu goûtés des Français, pour se concentrer sur une posture de bonne élève de la représentation nationale, allant jusqu'à crier victoire sitôt voté le projet de loi sur l'immigration. Elle s'est même employée à effacer les origines idéologiques de son mouvement en participant à la marche contre l'antisémitisme organisée au lendemain des atrocités commises par le Hamas en Israël, le 7 octobre 2023, puis en assistant, quelques mois plus tard, à la cérémonie pour l'entrée au Panthéon du résistant Missak Manouchian et de son épouse Mélinée. Considérée par une majorité de l'opinion comme proche de ses préoccupations quotidiennes, démocrate et compétente, principale rivale d'Emmanuel Macron, elle occupe la *pole position* pour solder définitivement un quinquennat dont le titulaire actuel ne pourra pas défendre lui-même le bilan.

Un plafond de verre infranchissable ?

Le bateau ivre de la configuration politique augure désormais de lendemains fastueux pour le Rassemblement

10. Baromètre d'image du Rassemblement national, Verian, 2023.
11. « Fractures françaises 2022 : le frémissement de l'ordre juste » ; « Fractures françaises 2023 : tableau d'une France en colère », Ipsos, Fondation Jean-Jaurès/*Le Monde*.

national. Le second quinquennat du président de la République – sourd aux millions de manifestants dans la rue et à un front syndical uni, arrogant et maladroit dans ses tentatives de dialogue avec les partis ou la société civile, pratiquant une douteuse triangulation avec Les Républicains et l'extrême droite sur le sujet sensible de la préférence nationale – l'a d'ores et déjà délégitimé aux yeux des Français. L'ultime bataille d'Emmanuel Macron pour tenter de garder la main après la dissolution et éviter demain une passation honteuse de pouvoir à l'Élysée n'est pas gagnée d'avance. À l'horizon du prochain scrutin présidentiel, la promesse de solutions inédites pour traiter le malaise social, l'imaginaire autoritaire pour reprendre en main le destin national et, surtout, la virginité en matière de responsabilités politiques pourraient bien, de nouveau, constituer des arguments séduisants et gagnants pour un corps électoral caressant le fol espoir d'un ripolinage du sol au plafond.

Les optimistes du cercle de la raison s'accrochent à un maigre espoir. L'architecture du pouvoir en France reste tout entière construite autour de l'élection présidentielle. Et celle-ci constituerait un rempart infranchissable pour l'extrême droite. À la différence du premier tour des législatives, sorte de scrutin intermédiaire ayant servi de défouloir à l'opinion, celui programmé en 2027 engagerait l'électorat à se prononcer sur les pouvoirs considérables conférés par la Constitution au président de la République. Quel que soit l'adversaire qualifié contre la menace, il serait difficilement imaginable que le pays des droits de l'homme, de l'universalisme républicain et des valeurs de fraternité se rende définitivement aux populistes. Le plafond de verre, selon ces optimistes, serait infranchissable.

La Constitution de la Ve République prémunirait-elle donc contre l'impensable arrivée de Marine Le Pen à l'Élysée ? Les pessimistes ont quant à eux de sérieux doutes. Calculette en main, ils estiment son potentiel électoral à plus de 30 % au premier tour, dans la lignée des résultats du printemps 2024. C'est un socle difficile à contrer quand bien même une candidature de centre droit parviendrait à unir les épigones de la Macronie et ce qu'il reste de la droite républicaine ; ou si une nouvelle aventure de Jean-Luc Mélenchon réussissait à cristalliser encore une fois un électorat de gauche en déshérence. La finale du second tour déboucherait alors sur une incertitude d'autant plus grande que les porosités des reports de voix sont avérées – ou même revendiquées – du côté de l'extrême gauche comme de la droite.

Le pays a déjà connu des situations comparables. À la fin des années 1880, le boulangisme – du nom du général Boulanger – a prospéré sur une Chambre des représentants ingouvernable et la montée d'une défiance politique incontrôlable. Dans son ouvrage synthétisant la « fièvre hexagonale » à travers les grandes crises politiques de la France, l'historien Michel Winock souligne combien ce mouvement s'est construit sur la désespérance de classes laborieuses ayant le sentiment d'être abandonnées par la promesse républicaine, et comment certaines forces de gauche ou d'extrême gauche d'alors, issues du « blanquisme » ou du « guesdisme », s'y étaient ralliées[12]. La vague populiste avait finalement échoué à renverser le régime de la IIIe République.

Cent trente-cinq ans plus tard, le programme du Rassemblement national s'est moulé sur les contraintes de

12. Michel Winock, *Gouverner la France*, Gallimard, 2022.

la dette publique et du cadre européen. Mais il prévoit toujours la mise en cause du droit du sol, la fin de l'immigration et la préférence nationale pour le logement, l'emploi ou les aides sociales. Surtout, ses députés, s'ils ratissent sagement le terrain des vide-greniers et des salons agricoles, n'en manifestent pas moins publiquement, pour certains, leurs obsessions nationalistes, racistes et identitaires. Les élus locaux, dans les assemblées régionales, départementales ou municipales, se montrent souvent particulièrement cash dans les débats et n'hésitent pas à recourir à des pratiques qualifiées parfois de mafieuses[13]. Tous assument clairement une vision et une politique auxquelles aucun démocrate ne saurait souscrire.

La braise n'est pas éteinte. Les pyromanes, ces dernières années, n'ont pas œuvré dans l'ombre. Ils ont pour nom Les Républicains, Vincent Bolloré, Emmanuel Macron, Jean-Luc Mélenchon et la gauche radicale.

13. Camille Vigogne Le Coat, *Les Rapaces. Enquête sur la « mafia varoise » de Marine Le Pen*, Les Arènes, 2023.

CHAPITRE 2
Les pyromanes

Fallait-il exclure l'extrême droite de l'arc républicain? Fallait-il accepter des alliances avec elle? Fallait-il la considérer, finalement, comme un courant politique comme les autres? Depuis quarante ans, la controverse sur la meilleure manière de la combattre et de la marginaliser a été vive. La fonction apotropaïque que recelait la qualification de «fasciste» s'est quelque peu usée au fil du temps. Le barrage du front républicain, ressuscité devant la menace manifeste aux dernières élections législatives, n'a pas toujours tenu bon au fil des deux dernières décennies. Quant à la petite phrase de Laurent Fabius, alors Premier ministre, en 1984, expliquant que «le Front national pose de bonnes questions mais y apporte de mauvaises réponses», elle n'a cessé de provoquer polémiques et contorsions.

Dans un premier temps, sidérés par le score inattendu de Jean-Marie Le Pen aux élections européennes de 1984 (avec 11% des suffrages, il faisait jeu égal avec le Parti communiste), les élus de tous bords, à gauche comme à droite, ont sonné le tocsin. Cette figure bien connue de l'extrême droite, qui n'avait même pas réussi à réunir les cinq cents signatures nécessaires pour se présenter à l'élection présidentielle trois ans plus tôt, et que les commentateurs désignaient alors comme un vestige, les obligeait à rappeler quelques fondamentaux : les filiations historiques des fondateurs du Front national avec le nazisme et la collaboration ; l'impossible acceptation des thèses de ce parti, particulièrement sur l'immigration ; le danger pour les libertés et la démocratie véhiculé par ses valeurs.

À cette approche frontale se superposa un peu de realpolitik. Machiavélique et pyromane, François Mitterrand, qui achevait son premier mandat avec la perspective de perdre les élections législatives de 1986, se résolut à différer sa promesse du droit de vote pour les étrangers aux élections locales et à modifier le mode de scrutin – au profit de la proportionnelle – pour limiter les dégâts annoncés pour la gauche. Grâce à cela, le Front national entra une première fois massivement à l'Assemblée nationale avec trente-six élus. Ce fut un premier tremblement de terre, d'amplitude modérée par le retour au scrutin majoritaire en 1988. Mais ni l'excommunication ni la manœuvre n'avaient endigué la marée montante.

Dans un deuxième temps, à partir des années 1990, la stratégie du front républicain devint la principale réponse à l'influence grandissante de l'extrême droite. Elle consistait en un principe de désistement réciproque au deuxième tour des élections entre les candidats de droite et de gauche, quand pointait le risque d'une victoire du Front national. Elle connut une forme d'apogée en 2002 – deuxième séisme bien plus violent – quand les dirigeants socialistes durent appeler à voter Jacques Chirac au second tour de l'élection présidentielle, après l'élimination de Lionel Jospin au premier. Cahin-caha, la stratégie perdura les années suivantes avant que, ici ou là, les entorses se multiplient dans des alliances locales qui réunissaient la droite et son extrême.

Le cordon sanitaire électoral se doubla cependant de tentatives de débauchage idéologique. Nicolas Sarkozy, durant sa campagne présidentielle de 2007, reprit à son compte quelques thèmes chers à l'extrême droite, avec par exemple la création d'un ministère de l'Immigration, de l'Intégration et de l'Identité nationale. Il se targue encore aujourd'hui d'avoir ainsi freiné son inexorable poussée. Las, malgré ses intentions républicaines réaffirmées, une telle approche conduisit peu ou prou à valider les sujets qui fâchent et à désinhiber un électorat hésitant à pactiser avec le diable. Si la relative obéissance au principe du front républicain empêcha les indésirables d'accéder à des postes à responsabilités majeures, elle n'interrompit nullement leur progression électorale. Un nombre grandissant de Français votait pour le Front national au premier tour, avec le sentiment rassurant d'être enfin écoutés par un parti n'ayant pas encore sombré dans la lessiveuse de la défiance politique.

De la triangulation à la banalisation, il n'y a qu'un pas. Philippe Corcuff, sociologue et philosophe politique, préfère parler de « grande confusion[14] ». Il souligne la désagrégation relative des repères politiques antérieurement stabilisés autour du clivage gauche-droite et le développement de passerelles discursives entre extrême droite, droite et même gauche modérée et gauche radicale. Il ne s'agirait donc pas seulement de pointer des convergences qui feraient se rejoindre parfois des formations extrêmes de l'échiquier politique, mais de constater des interférences entre des thèmes auparavant antagonistes. Il cite, entre autres exemples, les discours parfois confus mêlant internationalisme et souverainisme, accueil des migrants

14. Philippe Corcuff, *La Grande Confusion. Comment l'extrême droite gagne la bataille des idées*, Textuel, 2021.

et sacralisation de la frontière, universalisme et culte de l'identité, transition écologique et exaltation des racines terriennes…

Et puis, troisième temps, après que les derniers feux du barrage électoral eurent brillé lors de la finale de la présidentielle de 2017, Emmanuel Macron expliqua que sa stratégie politique allait permettre de réduire l'influence de l'extrême droite. En s'attaquant de manière pragmatique aux maux de la société française, il prétendait engager une confrontation victorieuse avec sa meilleure adversaire, Marine Le Pen. Celle-ci lui a rendu la politesse en engageant un long processus de dédiabolisation et en adoptant une ligne populiste qui lui valut une défaite honorable en 2022, une victoire éclatante aux législatives qui suivirent et un nouvel élan stoppé *in extremis* deux ans plus tard. Ses idées infusent désormais non seulement dans l'électorat mais également auprès d'une partie de la classe politique, à droite et jusque dans les rangs de la majorité présidentielle, qui a cru honteusement marquer des points en reprenant certains thèmes de sa politique migratoire.

L'extrême droite récolte ainsi les fruits d'une bataille idéologique fort mal menée par ses adversaires, d'une inquiétude grandissante de la société devant la recrudescence des risques et des conflits et, surtout, d'alternances politiques n'ayant pas inversé la courbe du pessimisme. Ses idées xénophobes, racistes et identitaires, montantes dans la plupart des pays européens, se sont solidement installées en France, même si elle agite de fausses peurs, cible de faux responsables et propose de fausses solutions[15]. D'autant qu'elle se pare de nouvelles formes narratives et

15. Vincent Edin, *En finir avec les idées fausses propagées par l'extrême droite*, L'Atelier, 2023.

de nouveaux masques politiques. De plus en plus pressée devant ses buts, la classe politique a trop longtemps joué en défense avant de devoir dégager comme elle pouvait pour éviter la défaite. Les pyromanes n'ont pourtant pas agi dans l'ombre.

Les Républicains, Vincent Bolloré et quelques autres, thuriféraires de l'identité nationale

Un rapide tour d'Europe des flirts, voire des unions libres, entre la droite et l'extrême droite illustre le renoncement des conservateurs européens à maintenir une barrière infranchissable avec les courants populistes et nationalistes. La question de l'immigration, qui travaille en profondeur les sociétés occidentales, est le plus souvent à l'origine de ces rapprochements encore inimaginables il y a quelques années. En Suède, par exemple, l'accord gouvernemental scellé en 2022, soutenu par les Démocrates de Suède, formation en pointe contre les migrants, a débouché sur un changement complet d'attitude concernant l'accueil des étrangers, dont la demande faite aux fonctionnaires de dénoncer les sans-papiers. En Finlande, depuis 2023, la coalition au pouvoir incluant les Vrais Finlandais, parti d'obédience identitaire, s'est attelée à remettre en cause certains acquis de l'État-providence et à réduire drastiquement le droit d'asile.

Plus près de la France, l'Italie est un laboratoire grandeur nature. C'est le rassemblement de la droite radicale – les nationaux-conservateurs d'origine néofasciste de Fratelli d'Italia, les populistes de la Ligue et le parti berlusconien Forza Italia – qui a porté au pouvoir Giorgia Meloni. Depuis, son gouvernement a montré un double visage : conciliant à l'extérieur avec un alignement sur les positions de l'Alliance atlantique à propos de l'Ukraine et une négociation avec l'Union européenne pour gérer le flux migratoire sur les côtes italiennes, plus sévère à l'intérieur. Il s'emploie méthodiquement à déconstruire la culture antifasciste qui a rassemblé, depuis 1945, l'ensemble des formations politiques, et n'hésite pas à imposer ses valeurs ultraconservatrices dans toutes les sphères de la société. Par ailleurs, la présidente du Conseil milite ouvertement pour un rapprochement au Parlement européen entre le groupe nationaliste que préside sa formation et l'influent Parti populaire européen, qui réunit les partis de droite plus classiques.

Ailleurs, si l'extrême droite n'a pas encore franchi les portes du pouvoir, elle s'en rapproche avec la complicité idéologique de la droite. Ainsi, en Belgique, malgré l'antagonisme affiché avec les populistes flamands radicaux, les nationalistes conservateurs reprennent volontiers leurs antiennes sur les migrations, le wokisme ou le féminisme. Aux Pays-Bas, après que le Premier ministre libéral a fait chuter la coalition de centre droit sur une proposition de limitation du droit d'asile, ce sont les populistes qui sont sortis les premiers du scrutin suivant et qui ont forcé l'émergence d'un gouvernement d'union de la droite extrême. En Allemagne, la poussée des ultras de l'Alternative pour l'Allemagne (AFD) dans les landër de l'est du pays crée suffisamment de tensions au sein de la droite pour que certains de ses leaders s'aventurent sur des terrains polémiques comme la réduction des aides sociales aux demandeurs d'asile. En Espagne, enfin, le relatif échec de la droite radicale Vox aux élections législatives de 2023 n'a pas empêché la gouvernance commune avec le Parti populaire d'une région et de plusieurs dizaines de grandes villes, sur fond de visions identitaires partagées, comme l'affaiblissement des revendications régionalistes.

Une course à l'échalote entre la droite et l'extrême droite

Toute ressemblance avec la situation française serait-elle fortuite ? Pas vraiment si l'on en juge par les déchirements des Républicains durant la campagne législative de 2024 ! Écartelés de longue date entre une aile sensible à la perspective d'une union des droites avec le Rassemblement national et une autre adepte du cordon sanitaire avec l'extrême droite, ils ont d'autant plus oscillé, depuis 2017, qu'Emmanuel Macron leur a subtilisé une partie de leur héritage programmatique. La question n'est plus tant l'équilibre entre leurs différentes composantes que le stade où en est leur penchant pour une coalition nationaliste. Dans les faits, le fossé idéologique qui les en séparait du temps de Jacques Chirac s'est considérablement réduit. Démonstration en a été faite lors de la discussion sur le projet de loi sur l'immigration. La remise en cause de certains aspects des traités européens, la critique du pouvoir des juges ou la dénonciation systématique de la culture qualifiée de woke attestent qu'une course à l'échalote est en marche.

Celle-ci s'est manifestée de manière spectaculaire lors des émeutes de juillet 2023. Bien que l'immense majorité des délinquants interpellés fussent français, les responsables des Républicains n'ont pas hésité à multiplier les déclarations ambiguës, pour ne pas dire grossières, soulignant que la nationalité n'empêchait pas une sorte de régression vers les origines ethniques (sic). Ils ne sauraient mieux exprimer une vision essentialiste de l'étranger, par nature violent et pilleur. Décidés à réaffirmer leur leadership sur les questions régaliennes ayant trait à l'immigration et à la sécurité, et ignorant les remontrances de certaines figures de leur famille politique, comme l'ancien Premier ministre Dominique de Villepin, qui déplorait que les digues commencent à sauter, ils ont alors offert au Rassemblement national l'occasion d'applaudir – tout en s'en moquant – cette surenchère.

Les leaders de la droite affirment souvent qu'ils sont « décomplexés » vis-à-vis de leur flanc politique populiste. Autrement dit, la nuance ne serait plus de mise lorsqu'il s'agit d'aller chasser sur les thèmes chers au Rassemblement national. Ils espéraient sans doute que leur position de plus en plus intransigeante à l'égard de l'immigration servirait de paratonnerre. Ils croyaient probablement que la critique systématique du laxisme de l'État contre toutes les formes de délinquance leur redonnerait des couleurs électorales. Ils pensaient sûrement que leur expérience du pouvoir limiterait la dérive de l'opinion vers un parti qui en manquait totalement. C'est raté. On sait comment finissent les tentatives de subtilisation des idées quand les concurrents ne sont pas de taille égale. L'électeur préfère finalement l'original à la copie.

D'autres pyromanes s'agitent à leur façon dans le camp des élites politiques, économiques et intellectuelles. À l'instar d'Emmanuel Macron, l'ancien président Nicolas Sarkozy a condamné la critique idéologique du parti de Marine Le Pen, qui le renverrait *ipso facto* à ses origines vichystes et à des valeurs antinomiques avec la tradition républicaine. Dans son dernier opus de mémoires, il s'insurgeait contre le procès en illégitimité intenté au Rassemblement national et condamnait les leçons de morale à l'encontre d'un parti dont l'appartenance à la

République ne serait plus contestable du fait de ses succès électoraux. Le brevet de bonne conduite était cependant assorti d'un procès en incompétence gouvernementale[16]. Le peuple de droite n'est pas complètement convaincu.

La stratégie délétère de Vincent Bolloré

Les idées de la droite radicale, c'est une donnée nouvelle, ont désormais leurs médias attitrés, qui ne se cantonnent plus à quelques titres ou sites périphériques marginaux. Rarement un groupe de télévision, de radio, de presse et d'édition ne se sera construit aussi vite pour se mettre au service d'un dessein politique. Vincent Bolloré, l'une des plus grosses fortunes professionnelles de France, a bâti un petit empire médiatique qui a servi de rampe de lancement à Éric Zemmour, orchestre la diffusion des idées nationalistes et identitaires sur CNews, Europe 1 ou dans le *Journal du dimanche* et, de manière générale, soigne les chroniques et les commentaires orientés dans ses différents supports. Ne s'embarrassant guère d'éthique professionnelle, il déploie, pour homogénéiser l'ensemble, une stratégie équivalente à celle de Fox News aux États-Unis, qui s'était mis au service de Donald Trump et des ultras du Parti républicain lors de la campagne présidentielle américaine de 2016. Son succès, reconnaissons-le, est indiscutable !

Ce vaisseau amiral est accompagné d'une cohorte d'embarcations délivrant une pensée obsédée par l'immigration, la soumission à l'Europe ou la perte des valeurs. Boulevard Voltaire, par exemple, se définit comme un site d'actualité politique et générale ouvert à toutes les sensibilités de la droite conservatrice. Créé en 2012 par, entre

16. Nicolas Sarkozy, *Le Temps des combats*, Fayard, 2023.

autres, le journaliste Robert Ménard, devenu maire de Béziers avec le soutien du Rassemblement national, il a aujourd'hui pour figure de proue Gabrielle Cluzel, notamment chroniqueuse à *Famille chrétienne*, qui dispose de son rond de serviette sur les plateaux de CNews. Le site accueille aussi bien les points de vue de Laurent Wauquiez que ceux des dirigeants d'extrême droite.

Dans la même veine, en plus sombre, Livre noir, rebaptisé récemment Frontières – tout un programme – accueille notamment le chroniqueur Éric Naulleau, venu de la gauche, auteur d'un pamphlet contre Sandrine Rousseau[17] et proche d'Éric Zemmour. Les mêmes obsessions identitaires constituent la colonne vertébrale éditoriale du site, lequel revendique l'excellence de ses expertises en s'appuyant sur un comité stratégique qui rassemble des personnalités de la société civile telles que l'avocat Thibault de Montbrial, apôtre d'un durcissement des politiques sécuritaires et candidat LR aux législatives de 2022, Xavier Fontanet, ancien dirigeant du groupe Essilor, ou Loïk Le Floch-Prigent, chef d'entreprise qui fut condamné pour détournement de fonds dans l'affaire Elf.

La grande confusion autour de la République et du souverainisme

Des intellectuels de renom et de talent ont choisi de naviguer aux côtés de cette armada. C'est le cas de Michel Onfray, auteur d'un tête-à-queue spectaculaire depuis ses engagements libertaires qui l'avaient conduit à créer l'Université populaire de Caen en réaction à la présence de Jean-Marie Le Pen au deuxième tour de la présidentielle de 2002, à appeler à voter pour Olivier Besancenot lors

17. Éric Naulleau, *La Faute à Rousseau*, Léo Scheer, 2023.

de la présidentielle de 2007 et à défendre inlassablement une vision proudhonienne du socialisme. Laquelle lui sert désormais d'argument pour développer une thèse dénonçant aussi bien la dilution de la nation dans l'Europe libérale que les méfaits du wokisme et de l'islamogauchisme[18]. Pourfendeur virulent de Jean-Luc Mélenchon et de ses alliés du Nouveau Front populaire, il dépeint une gauche des barbelés et des miradors et souligne volontiers que le peuple, dont il se réclame, vote désormais pour le Rassemblement national.

Au nom du droit à contester la doxa politique dominante, Michel Onfray a lancé avec succès *Front populaire*, une revue qui se définit comme antilibérale, populiste et souverainiste, et se veut un creuset programmatique pour rassembler au-delà des clivages partisans. Ses contributeurs viennent d'horizons divers, tel Jacques Sapir, ancien compagnon de route de Jean-Luc Mélenchon, aujourd'hui favorable à une alliance de l'extrême droite à l'extrême gauche pour en finir avec la domination de l'Europe libérale. Le média, en tout cas, est largement salué sur les rives de la droite extrême, qui le considère comme un allié idéologique. Son fait d'armes le plus médiatisé, fin 2022, fut un entretien croisé entre Michel Onfray et l'écrivain Michel Houellebecq, ce dernier expliquant, en substance, que les Français ne souhaitent pas tant que les musulmans s'assimilent mais qu'ils cessent de les agresser ou s'en aillent. L'écrivain, il est vrai, est coutumier des dérapages et n'a jamais caché sa familiarité avec les royalistes de l'Action française ou, plus récemment, avec Geoffroy Lejeune, ancien rédacteur en chef de l'hebdomadaire *Valeurs actuelles* devenu en 2023 directeur de la rédaction du *Journal du dimanche*. Un livre, discuté

18. Michel Onfray et Éric Naulleau, *La Gauche réfractaire*, Bouquins, 2022.

pour son enquête à charge, retrace son parcours pour le moins ambigu, comme celui d'autres figures de la littérature française[19].

La montée en puissance d'un souverainisme venu de la gauche mais propice à la diffusion d'idées nationalistes extrêmes n'est pas la seule passerelle érigée vers le Rassemblement national. Le républicanisme, pensé de manière rigide comme antinomique avec toute forme de communautarisme culturel, est un vecteur de confusion qui alimente une opinion islamophobe. Le Printemps républicain, fondé par deux responsables socialistes, a ainsi progressivement dérivé d'un combat contre l'extrême droite et l'islamisme radical vers une remise en cause du clivage gauche/droite au profit d'un affrontement entre républicains et communautaristes. Salué à ses débuts par des personnalités comme Manuel Valls ou Élisabeth Badinter, le mouvement a glissé, chemin faisant, vers un positionnement très droitier. Lors des élections régionales de 2021, son président, Amine El Khatmi, a appelé à voter pour la liste conduite par Valérie Pécresse en Île-de-France. Après avoir quitté ses fonctions, il a déclaré préférer voter Marine Le Pen que Jean-Luc Mélenchon dans l'hypothèse d'un duel à la présidentielle de 2027, ce qui lui a valu une critique acerbe de ses anciens amis.

La grande confusion des idées autour du souverainisme ou de la République ne manque pas de plaire aux nationalistes d'extrême droite qui ferraillent contre un monde miné par l'affaiblissement des États-nations et le choc culturel et religieux de l'intégration des migrants. Elle est alimentée par toutes sortes de visions déclinistes de la société française, qui serait embarquée malgré elle vers un

---

19. François Krug, *Réactions françaises. L'extrême droite littéraire*, Seuil, 2023.

renoncement généralisé à ses valeurs issues des Lumières. Les travaux de Jean-Claude Michéa, soulignant la fuite en avant suicidaire du mode de développement capitaliste et libéral[20], ou ceux de Jacques Julliard, regrettant l'abandon par la gauche de son socle républicain et universaliste[21], ont à la fois l'immense mérite d'ouvrir un débat sur les impensés de la gauche et le regrettable inconvénient d'être encensés par les conservateurs du « c'était mieux avant ».

Emmanuel Macron, agitateur des extrêmes

Souvenons-nous. La surprenante victoire d'Emmanuel Macron en 2017 reposait sur une promesse originelle en forme de dépassement dialectique. Puisque les partis traditionnels de droite et de gauche, au gré des alternances, s'étaient avérés peu capables de résoudre le malaise français, il était temps de dépasser les vieux clivages. En rassemblant les forces de bonne volonté, de quelque côté qu'elles viennent, il serait possible de surmonter les blocages qui ralentissent l'ascenseur social, menacent l'unité républicaine et pèsent sur l'attractivité du pays. Pour assurer le progrès dans une économie mondialisée et un capitalisme en mutation, l'un des credo majeurs portait sur la fluidification des marchés, et particulièrement celui du travail, pour en finir avec un chômage endémique.

Le projet ne se limitait pas à une position de principe résumée par la revendication d'un social-libéralisme économique et le fameux slogan « et de gauche et de droite ». Il visait également à changer les pratiques politiques et à moderniser l'intervention de la puissance publique.

20. Jean-Caude Michéa, *Extension du domaine du capital*, Albin Michel, 2023.
21. Jacques Julliard, *Comment la gauche a déposé son bilan*, Flammarion, 2022.

Par-delà l'exercice de style d'un programme que les électeurs ignorent le plus souvent, Emmanuel Macron expliquait que sa philosophie du pouvoir consistait à promouvoir la libération des énergies, à valoriser l'autonomie et la responsabilité, à raisonner comme un chef d'entreprise. Lequel, mandaté par ses actionnaires, ne s'embarrasse guère des contre-pouvoirs syndicaux lorsqu'il s'agit d'opérer des choix stratégiques tout entiers tendus vers la réalisation de performances financières.

Le patron de ce qu'il a pu nommer lui-même la « start-up nation » a reçu mandat des électeurs par deux fois, recueillant un quart des suffrages au premier tour et bénéficiant au second d'un front anti-Le Pen, écrasant en 2017, seulement confortable en 2022. Cette légitimité électoralement indiscutable mais politiquement ambiguë a été gagnée moyennant le ralliement politique de la plupart des élites économiques et intellectuelles, naguère divisées entre une approche libérale, à droite, et une vision sociale-démocrate, à gauche, de la gestion du pays. Un tel socle sociologique, aimantant les catégories les plus sensibles au discours entrepreneurial et un électorat aisé et âgé, le plus rétif aux risques des alternances incertaines, a tenu bon pendant cinq ans, avant de s'effriter puis de se rabougrir.

Dans un stimulant essai, Jérôme Sainte-Marie propose une explication à l'accès inattendu au pouvoir d'Emmanuel Macron[22]. S'inspirant des analyses de Karl Marx sur la période 1848-1852[23], il dresse un parallèle audacieux mais convaincant entre le jeu politique des forces sociales de cette époque et celles à l'œuvre à l'orée de 2017. Après la révolution de 1848 et l'instauration de la IIe République,

22. Jérôme Sainte-Marie, *Bloc contre bloc*, Le Cerf, 2020.
23. Karl Marx, *Le 18 brumaire de Louis Bonaparte*, Mille et une nuits, 1997.

le Parlement est majoritairement monarchiste mais divisé entre légitimistes et orléanistes, qui incarnent, respectivement, les intérêts conservateurs de l'aristocratie et ceux de la bourgeoisie naissante à l'aube de la révolution industrielle. Le coup d'État de Louis-Napoléon Bonaparte, le 2 décembre 1851, débouche sur l'instauration d'un régime autoritaire impérial, confirmé par deux plébiscites successifs rassemblant les trois quarts des électeurs inscrits. Cette prise de pouvoir à la hussarde, avec l'assentiment tacite des deux camps, visait à dépasser les conflits inhérents à la représentation politique d'alors pour engager la France dans la modernisation économique qui sera celle du Second Empire.

Toutes proportions gardées, la victoire du macronisme ressortirait à une même volonté de résolution des controverses politiques embourbées dans l'alternance gauche-droite et de réunification, autour d'un projet commun, des notables des deux camps. La Ve République, à cet égard, offre à Emmanuel Macron le cadre d'un régime souverain. Peu avant son élection, son évocation des « deux corps du roi », en référence à l'ouvrage d'Ernst Kantorowicz[24], traduisait sa volonté d'exercer le pouvoir en construisant une double image, l'une charnelle et l'autre symbolique. La seconde avait vocation à s'extraire des entrelacs de la démocratie, faite d'affrontements et de compromis entre pouvoir et contre-pouvoirs.

Un président indifférent, solitaire et incertain

Mais cette posture s'est heurtée au réel. Depuis 2017, le président de la République a multiplié les petites phrases

24. Ernst Kantorowicz, *Les Deux Corps du roi. Essai sur la théologie politique au Moyen Âge*, Folio, 2020 [1989].

malheureuses et parfois humiliantes, suscitant la sidération d'une partie de l'opinion, malgré les regrets affichés par la suite. Celles et ceux qui l'ont approché, côtoyé ou combattu lors de ses visites de terrain ou sur la scène politique ne manquent pas de relever trois hiatus : l'empathie surjouée avec ses interlocuteurs masque mal une forme d'indifférence technocratique à la nature humaine, forcément complexe et déroutante ; le discours bien rodé sur les passions du collectif cadre mal avec le manque de considération pour les corps intermédiaires, composantes conflictuelles mais nécessaires du pacte démocratique ; l'affichage permanent d'une détermination sans faille est contredit régulièrement par les hésitations et les procrastinations. Emmanuel Macron est perçu comme insensible, solitaire et incertain. Ces trois registres de critiques à l'encontre du corps mortel du monarque de la Ve République brouillent le consentement au corps symbolique du souverain.

La promesse du Président était-elle finalement un leurre ? Dans un ouvrage écrit par deux de ses proches conseillers, qui ont accompagné sa campagne de 2017 et ses premières années à l'Élysée, sa doctrine est présentée comme se résumant à un seul mot : progressisme[25]. Nonobstant les innombrables aphorismes qui émaillent le livre, la thèse des auteurs peut se résumer aux quelques punchlines de leur démonstration : « maximiser les possibles » (premier principe), la mission des progressistes étant d'élargir les opportunités et les perspectives des individus ; « agir ensemble pour maximiser ces possibles » (deuxième principe), en sachant que, s'il est de bon goût de faire l'éloge de la diversité, la vérité est que plus on est proches,

25. David Amiel et Ismaël Emelien, *Le progrès ne tombe pas du ciel. Les stratèges de Macron s'expliquent*, Fayard, 2019.

plus on se ressemble, plus on se fait confiance ; « commencer par le bas » (troisième principe), car la manière pyramidale dont le pouvoir se pense dans nos sociétés doit être radicalement inversée.

En d'autres termes, le progressisme, en version macroniste, consisterait à contourner – voire à ignorer – les déterminants économiques et sociaux qui forgent les destins individuels, une approche que ne renieraient nullement les plus fervents libéraux. Il chercherait à réhabiliter une forme de patriotisme que revendiquent volontiers les plus rétifs aux conséquences de l'immigration. Il se donnerait pour objectif principal de raviver l'action locale, que prônent tous les adeptes de la démocratie de terrain, particulièrement ceux qui critiquent le trop-plein de régulation étatique et de solidarité sociale. En somme, il s'éloignerait singulièrement d'une vision plus classique du concept progressiste, selon laquelle les institutions démocratiques ont pour mission, par l'action publique et la solidarité, de s'attaquer aux inégalités engendrées par le système économique. Une démarche résumée dans la formule radicale d'Olivier Besancenot, « Nos vies valent mieux que leurs profits », que le président-candidat avait osé faire sienne lors de son meeting d'entre-deux tours de la présidentielle 2022.

La tentative de donner un sens politique à sa pensée est d'ailleurs un exercice auquel le principal intéressé s'est toujours expressément refusé. Arc-bouté sur son mantra du « en même temps », le Président a toujours esquivé la question. Non sans agilité intellectuelle, il a maintes fois changé de pied pour esquisser – sans même parler de définir – son récit politique. Le *progressisme* affiché autour de la « start-up nation » et de la construction de l'Europe, lors de sa conquête du pouvoir, a laissé place, cinq ans plus tard, dans sa lettre de campagne aux électeurs, à une réflexion sur les racines de l'identité française. Avant que, début 2024, au cours d'une conférence de presse au style délibérément gaullien, surgisse le rappel à l'ordre et au réarmement civique, industriel et même démographique, en guise de clin d'œil à la France conservatrice nostalgique de l'uniforme à l'école. Et que, durant la campagne des législatives, il se laisse aller à des attaques contre le Nouveau Front populaire fleurant bon le langage de l'extrême droite.

Un néolibéralisme assumé

Dans un brillant essai sur la « marque Macron », Raphaël Llorca a mis en lumière les dérèglements de la geste présidentielle, qu'il s'agisse des valeurs, du récit ou même de l'esthétique, à partir de la crise des gilets jaunes[26]. Élu, selon l'auteur, en recourant au « Neutre », terme forgé par Roland Barthes pour sortir de toute structure binaire et oppositionnelle qui préside généralement à la pensée, le candidat s'est ainsi défendu de vouloir synthétiser la dialectique gauche-droite pour mieux se positionner ailleurs, dans un projet politique dépassant le traditionnel conflit. Le Président, cependant, a vite buté sur la difficulté de l'exercice. La neutralité a plutôt laissé place à la neutralisation du champ politique et de la gouvernance ministérielle, pour mieux concentrer le pouvoir à l'Élysée. Au fil du temps, son progressisme a laissé transparaître son penchant pour un néolibéralisme assumé, zigzaguant entre l'ode au mérite et le respect des cathédrales.

Plus fondamentalement, la philosophe Myriam Revault d'Allones a décortiqué l'esprit du macronisme comme l'art

26. Raphaël Llorca, *La Marque Macron. Désillusions du Neutre*, L'Aube, 2021.

de dévoyer les concepts[27]. Selon elle, le prétendu « en même temps » briderait les nécessaires discordances et conflits, qui sont l'une des richesses de la démocratie. Sous couvert de référence au nouveau monde, il obscurcirait les enjeux de société qui sous-tendent la réalité des confrontations. Quant au discours récurrent sur l'autonomie et la responsabilité, il refléterait une vision caricaturale du primat de l'individu dans la société. L'émancipation, dans cette traduction managériale, deviendrait la capacité à s'arracher au poids de la tradition, à se libérer des entraves, à ne rien devoir à personne, avec pour aboutissement le fait de devenir « figure de l'entrepreneuriat » ou « premier de cordée ». Une telle philosophie, évidemment, n'est pas sans répercussions sur la conception des rapports sociaux et des droits et devoirs réciproques entre les citoyens et la société, par exemple dans le cas du licenciement et du chômage. Enfin, la plasticité du propos présidentiel – repérée au fil des événements et du temps – évoquerait tout autant une intelligence politique tactique qu'une soumission consentie à des agendas fixés par d'autres.

Et si cette insaisissable et singulière pratique politique n'était qu'une forme parmi d'autres de populisme ? Le philosophe argentin Ernesto Laclau en a défini les invariants, indépendamment des contextes et des personnalités[28] : la construction d'un discours ou d'un programme agrégeant des éléments hétérogènes ; la revendication d'une nouvelle frontière politique ou, plus exactement, de nouveaux clivages. Cette structure entraînerait un rapport spécifique au leader, entendu comme direct,

---

27. Myriam Revault d'Allones, *L'Esprit du macronisme. Les miracles du président philosophe*, Seuil, 2021.
28. Ernesto Laclau, *La Raison populiste*, Seuil, 2008.

émotionnel, indiscutable. Le cas d'Emmanuel Macron est, à cet égard, emblématique. Il considère avant tout les Français comme une agrégation d'individus qu'il entend engager dans la transformation d'une société encalminée par une génération d'impuissance politique. Populiste à sa façon, il se différencie évidemment de l'extrême droite, pour laquelle le peuple est exclusif, essentialisé, racialisé, comme de l'extrême gauche, pour laquelle celui-ci se constitue dans l'articulation des luttes sociales, électorales et sectorielles.

Quoi qu'il en soit, embarqué dans une tripartition de la vie politique française qu'il a méthodiquement provoquée, et dont le résultat principal est une polarisation des extrêmes, le Président n'a-t-il pas créé, au bout du compte, les conditions d'un attrait électoral pour le populisme d'extrême droite ? Celui-ci ne bénéficie pas seulement du présupposé de virginité au pouvoir, mais aussi de l'effet numérique de la démocratie électorale. Très fort auprès des catégories populaires, il dispose d'un bassin naturel qui représente près de la moitié des inscrits, même si l'abstention y est plus élevée qu'ailleurs. Faute d'avoir convaincu, ou simplement neutralisé, ce pan substantiel de l'électorat depuis 2017, la majorité présidentielle a nourri le vote pour le Rassemblement national.

Les lieutenants d'Emmanuel Macron insistent lourdement sur le fait que le discours et les méthodes de La France insoumise, et particulièrement de son leader, Jean-Luc Mélenchon, parfois lourds de menaces pour les institutions et d'ambiguïtés sur les valeurs républicaines, ont également contribué à légitimer le calme apparent d'un Rassemblement national tapi dans son assise parlementaire. Ils n'ont pas forcément tort, mais ils oublient un peu vite que leur mentor, qui s'était fait fort de réduire l'emprise de l'extrême droite, a manqué sa cible. Ce ne sont pas ses arguments tels que la montée des peurs dans l'ensemble des démocraties occidentales, ses embardées sur le processus de décivilisation, en référence hasardeuse aux travaux du sociologue allemand Norbert Elias[29], ou sa dénonciation du poison des réseaux sociaux qui ont changé la donne.

Fin de partie ?

Le président agile mais pas forcément habile[30] a cru bien faire en consacrant la respectabilité du parti de Marine Le Pen à l'occasion de ses rencontres avec l'ensemble des formations politiques. Dans le même mouvement, il avait même recadré sa Première ministre Élisabeth Borne, qui avait évoqué le passé pétainiste du Rassemblement national, au motif qu'il fallait s'y confronter sur le terrain du réel et du concret, et pas avec des mots du siècle dernier. Ce rappel à l'ordre, faisant fi d'une trajectoire historique portée à l'origine par quelques nostalgiques de Vichy, a décontenancé les soldats du rassemblement moral qui a permis par deux fois à Emmanuel Macron d'accéder à l'Élysée, et a décerné un *satisfecit* à une organisation dont il faudrait contester simplement le programme sans s'inquiéter de ses valeurs. Faut-il évoquer les lointains cousins américain et brésilien qui ont appelé les foules à rejeter violemment les résultats d'un vote démocratique ?

L'épisode a traduit le flottement de l'exécutif sur la notion même d'arc républicain. En refusant d'y placer

29. Norbert Elias, *La Dynamique de l'Occident*, Agora, 1994.
30. Alain Duhamel, *Le Prince balafré. Emmanuel Macron et les Gaulois (très) réfractaires*, Éditions de l'Observatoire.

l'extrême droite, dans une interview postérieure au journal *L'Humanité*, le Président a paru se contredire. Il a désavoué, cette fois, son nouveau Premier ministre, Gabriel Attal, dont la culture politique, sans doute proportionnelle à son âge, l'incitait à considérer publiquement que le Rassemblement national, présent sur les bancs de l'Assemblée nationale, en faisait par définition partie. Oubliant ainsi que, dans la longue histoire de la République, des représentants démocratiquement élus ont ouvertement combattu ses valeurs, des monarchistes d'antan aux partisans de la préférence nationale d'aujourd'hui.

D'un bord à l'autre, les intellectuels se sont alarmés. Certains ont souligné le décalage entre l'activisme communicationnel et managérial du Président et l'état de désarroi et d'insécurité sociale de la société, l'agitation permanente ne débouchant que sur une accentuation de la fracture entre les citoyens et leurs dirigeants[31]. Du grand débat national de 2019 aux rencontres de Saint-Denis avec les partis politiques, à l'été 2023, en passant par le Conseil national de la refondation, créé en 2022, les initiatives se sont enchaînées de la part de celui que Serge July a qualifié perfidement d'« inventeur de réunions[32] ». Comment la grande majorité de la population pouvait-elle suivre cette fuite en avant qui a mobilisé cabinets de conseil et comités d'experts pour décliner des éléments de langage convenus ou abscons et des accumulations de chiffres incompréhensibles ou inaudibles ?

D'autres ont évoqué un Gulliver empêtré, impuissant à décider et médusé devant une pluie d'émeutes violentes

31. Olivier Mongin et Lucile Schmid, *Emmanuel Macron à contretemps*, Bayard, 2023.
32. Serge July, « Macron, l'inventeur de réunions », *Libération*, 3 septembre 2023.

inimaginable dans un pays réputé civilisé. Il y a ceux, encore, qui se sont insurgés contre le dévoiement des mots, quand le Président a célébré les mille ans de l'abbaye du Mont-Saint-Michel comme emblème de l'universalisme français, alors que ce concept ne date que du siècle des Lumières, de la Révolution et de la Déclaration des droits de l'homme et du citoyen. Les plus féroces, enfin, se sont interrogés doctement sur l'isolement du chef de l'État et sa capacité même à exercer sa fonction. Sa pratique de la Ve République, fondée sur une centralisation sans précédent, le refus de tout contre-pouvoir et le mépris du Parlement, des partis ou des citoyens, a conduit tout droit à l'invraisemblable dissolution de l'Assemblée nationale au soir du 9 juin 2024.

Chacun cherche encore son explication. Un quarteron de conseillers a concocté la décision dans le plus grand secret. Stratagème politique savant ? Plutôt que de dissoudre le dos au mur, quelques mois plus tard, sous le coup d'une motion de censure déposée par la droite, il était temps de rappeler que le Président était maître des horloges. Pronostic erroné sur la division de la gauche, qui aurait permis recomposition et débauchages, incompréhension de la dynamique en faveur du Rassemblement national, surestimation du socle électoral macroniste : les apprentis sorciers ont eu tout faux. Emmanuel Macron aurait au moins pu se laisser le temps de consulter et de mûrir son choix. Il a mis la France en situation d'instabilité, voire d'impuissance gouvernementale.

Les signaux d'alarme, pourtant, se sont multipliés. Dans son bilan du premier quinquennat, l'essayiste et historien Marcel Gauchet a pointé la manière dont le « parler vrai » du candidat s'est retourné contre lui une fois élu président[33]. Ses petites phrases maladroites transgressaient les exigences d'un rôle auquel les Français restent extrêmement attachés. Le mépris social sous-jacent à ces dérapages verbaux incarnait une forme d'arrogance de la part des élites diplômées d'une société de la connaissance mondialisée. Il révélait leur incompréhension ou leur indifférence à l'égard des perdants, ceux qui n'ont pas les clés ou les moyens de leur propre émancipation. Ce faisant, Emmanuel Macron aurait lourdement contribué à alimenter la haine des élites dont se nourrissent les populistes.

La réforme des retraites et la loi sur l'immigration ont fini de faire déchanter nombre d'esprits libéraux ou classés à gauche qui, sincèrement ou opportunément, voulaient croire en la filiation du macronisme avec le rocardisme. En 2019, nombre d'entre eux avaient prêté leur nom à une séance d'introspection autour du président de la République, quelques mois après la crise des gilets jaunes. Les échanges avaient été courtois mais frustrants, la grand-messe ne permettant guère d'échanger des arguments nourris. Depuis, la cohorte des aficionados s'est silencieusement dispersée, avant que certains ne sortent de leur réserve pour expliquer en des termes peu amènes pourquoi ils avaient fait fausse route.

Le socle électoral d'Emmanuel Macron s'est effrité, érodé par une opinion qui juge sévèrement le Président. C'est sans doute en partie injuste après un épisode covid que le pouvoir a géré avec discernement et une crise énergétique que le gouvernement a maîtrisée avec doigté, jouant du déficit budgétaire pour sauver quantité de petites entreprises de la faillite et préserver l'essentiel du pouvoir

33. Marcel Gauchet, avec Éric Conan et François Azouvi, *Macron : les leçons d'un échec. Comprendre le malheur français II*, Stock, 2021.

d'achat. Mais la raison macroéconomique – jugée avec circonspection par les marchés financiers au vu de l'accumulation de la dette publique – s'est avérée impuissante à bloquer la tentation de dégagisme. Depuis son accession au pouvoir, Emmanuel Macron a donné le sentiment de jouer avec le feu. Son dernier coup de poker aboutit à l'inverse de la clarification qu'il souhaitait. La confusion qui, au contraire, en résulte ne peut qu'attiser les frustrations dont se repaît le populisme. Le voilà bien seul face à son destin.

Jean-Luc Mélenchon et la gauche radicale, incendiaires du débat parlementaire

Les observateurs se trompent souvent à propos de Jean-Luc Mélenchon. Ils l'encensent régulièrement, tous les cinq ans, soulignant à juste titre son professionnalisme en campagne, son talent d'orateur en meeting et son sens de la controverse dans les médias. Ils reconnaissent même l'efficacité de sa stratégie politique depuis que, devenu en 2017 le héros électoral du peuple de gauche, il a réussi, en 2022, à imposer l'union aux partis des candidats laminés par le premier tour de l'élection présidentielle. Ils ont d'ailleurs salué son culot consistant à vouloir transformer les élections législatives qui suivaient en plébiscite pour son installation à Matignon comme Premier ministre. En période de hautes eaux, ils dessinent des portraits flatteurs de cette figure politique certes toujours qualifiée d'extrême gauche mais crainte de ses adversaires, qui le considèrent comme un challenger capable de bousculer les attentes électorales du cercle de la raison.

Et pourtant, tout aussi régulièrement, les mêmes le condamnent sans appel, s'offusquant de son emportement face aux officiers de police judiciaire procédant à la perquisition de son siège politique en 2018, s'inquiétant de ses dérapages verbaux à propos des violences policières, s'indignant du refus de ses partisans de qualifier le Hamas d'organisation terroriste et de certains de leurs commentaires à connotation antisémite ou, plus généralement, dénonçant son sectarisme politique à l'égard de ses anciens lieutenants coupables de crime de lèse-majesté. En période de basses eaux, ils prédisent un peu rapidement sa chute irréversible[34]. Ils s'interrogent même gravement sur son appartenance à l'arc républicain, relaient les arguments sur son tropisme révolutionnaire et dressent des parallèles audacieux et infamants entre lui et Marine Le Pen. Il est vrai que, s'ils déclarent volontiers, au moment des louanges, que leurs suffrages lui seraient acquis dans l'hypothèse d'un duel avec l'extrême droite, ils se rétractent nettement, au moment des blâmes, pour justifier une contrainte abstention entre le rouge et le brun.

Cette bascule permanente entre la fascination et la réprobation ne date pas d'hier. Elle traduit une incompréhension majeure du phénomène Mélenchon, dont les apparences contradictoires, tantôt séduisantes tantôt dérangeantes, ressortissent pourtant à un projet politique relativement cohérent. Le leader insoumis s'inscrit dans une tradition politique historique, le trotskisme, dont les idéaux forgés dans la première moitié du XXe siècle – révolution anticapitaliste et antistalinienne – ont été sérieusement émoussés. D'abord par les compromis sociaux mis en œuvre dans les pays développés durant sa deuxième moitié, ensuite par la disparition de l'ennemi communiste,

34. Hadrien Mathoux, *Mélenchon : la chute. Comment la France insoumise s'est effondrée*, Éditions du Rocher, 2020.

rallié à la mondialisation des marchés et transformé en dictature politique – en Russie et en Chine – au service d'une caste dirigeante nationaliste et expansionniste.

Les idéaux persistent, avec des circonvolutions anti-impérialistes qui justifient par exemple la défense des régimes cubain et vénézuélien ou l'embarras vis-à-vis de la guerre en Ukraine. Mais l'essentiel reste une stratégie politique théorisée par Léon Trotski dans les années 1930, qui consistait à dénoncer sans relâche l'emprise des partis sociaux-démocrates et communistes sur les classes laborieuses pour les détourner de l'objectif suprême de la révolution prolétarienne. Les uns étaient accusés de faire le jeu de la bourgeoisie en formulant sans cesse qu'« un tiens vaut toujours mieux que deux tu l'auras », tandis que les autres étaient vilipendés pour défendre les intérêts de l'URSS avant ceux de la classe ouvrière. Le récit de leurs compromissions a nourri l'émergence et la persistance d'un courant politique influent à l'extrême gauche de l'échiquier politique, d'autant plus audible qu'il n'a jamais cédé aux tentations terroristes de ses alter ego allemand ou italien.

Une culture politique victimaire et sectaire

Ces racines politiques sont indissociables d'une histoire victimaire symbolisée par les persécutions que subirent les militants trotskistes de la part des partis staliniens, au moins jusqu'à la fin des années 1960. Pourchassés, exclus, minoritaires, ceux-là assortirent leur combat d'une culture sectaire dans un environnement hostile. Jusqu'aux années 2000, leurs organisations, divisées en différentes chapelles, ont pratiqué l'entrisme, plus ou moins secrètement, dans les grandes organisations traditionnelles de la gauche. La stratégie de pénétration, pour démontrer de l'intérieur aux adhérents trop naïfs la collusion de leurs dirigeants avec le système, a pu porter davantage de fruits au Parti socialiste, plus malléable dans sa gouvernance et son respect des minorités, qu'au Parti communiste, verrouillé par un appareil raidi dans ses traditions et bientôt condamné par la chute du mur de Berlin.

Jean-Luc Mélenchon, entriste à l'origine puis bientôt dirigeant de l'aile gauche des socialistes, est l'incarnation de cette culture. Il serait vain de chercher à comprendre sa stratégie sans revenir à ces fondamentaux. Son projet politique consiste à remettre l'idée révolutionnaire au centre de la gauche en entretenant des méthodes mélangeant sectarisme organisationnel, provocation institutionnelle et violence verbale. Dans les rangs des insoumis, nombre de fidèles ont déjà été écartés soudainement, subissant le même type d'excommunication que celui pratiqué en leur temps par les formations trotskistes, et particulièrement l'OCI[35], dans laquelle a été formé le leader de La France insoumise. Certains se sont tus, d'autres ont pris la plume pour considérer, à tort, que leur procès signait la fin du mélenchonisme[36] ; les derniers en date, rayés des investitures aux législatives anticipées de l'été 2024, ont sonné l'heure de la fronde. Le leader de la France insoumise, enfermé dans un syndrome minoritaire qui justifie, à ses yeux, sa mise à l'écart par la communauté politique bien-pensante, n'en a cure. Il développe une pensée radicale, non conformiste, provocatrice, qui mérite souvent, quoi qu'on en pense, controverse et arguments. Quant à son registre belliqueux, particulièrement sur son compte X,

35. Organisation communiste internationaliste, devenue aujourd'hui le PCI (Parti communiste internationaliste).
36. Thomas Guénolé, *La Chute de la maison Mélenchon*, Albin Michel, 2019.

beaucoup de politiques et de journalistes en ont malheureusement fait les frais.

Cependant, le projet de Jean-Luc Mélenchon s'est paradoxalement nourri de l'implacable mécanique électorale de la Ve République, tout entière tendue vers l'élection du président de la République au suffrage universel. Il n'est pas le seul de son courant politique historique à avoir sollicité les suffrages des électeurs lors d'un scrutin présidentiel. Arlette Laguiller, figure de Lutte ouvrière, avait créé la surprise en 1995 en obtenant plus de 5 % des suffrages au premier tour ; en 2002, elle et Olivier Besancenot, leader de la Ligue communiste révolutionnaire, assuraient à eux deux un succès électoral inédit de 10 % à l'extrême gauche. En 2012, cet étiage du vote révolutionnaire s'est confirmé, cette fois sous la houlette de celui qui n'était alors que le président du Parti de gauche mais qui, se positionnant différemment des simples candidatures de témoignage de ses cousins trotskistes, entendait devenir le meilleur opposant radical au Parti socialiste et au futur président François Hollande.

Jean-Luc Mélenchon y est parvenu avec maestria, en cultivant une approche politique mêlant les traditionnels appels à l'unité de la gauche critique et frondeuse et les références au mouvement populaire qui, par-delà les partis, constituerait le véritable vecteur de la transformation sociale. Théorisant la nouvelle frontière entre le peuple et l'oligarchie gouvernante, il s'est inspiré des travaux de la sociologue belge Chantal Mouffe[37]. La crise politique ouverte par les frondeurs socialistes au début de 2016 lui a soudain ouvert un espace inédit. Après avoir en vain tenté, pendant quelque temps, de dissoudre le Parti communiste

37. Chantal Mouffe, *Pour un populisme de gauche*, Albin Michel, 2018.

dans un front commun, il a rebondi en lançant le mouvement des insoumis à l'occasion de sa déclaration de candidature à la présidentielle de 2017. L'objectif, expliquait-il alors, est de subvertir les modes traditionnels de la démocratie partisane en s'appuyant directement sur le peuple. Le mouvementisme revendiqué s'opposerait au nombrilisme organisationnel des partis et à leurs débats internes stériles, dissimulant, sous leurs oripeaux idéologiques, de simples luttes de pouvoir.

Jean-Luc Mélenchon a fait coup double. D'une part, il a ouvert un canal d'expression politique à tous les déçus de François Hollande mais aussi à tous les acteurs de la société civile engagés dans des luttes sociales, environnementales ou sociétales, et peu friands de récupération partisane. D'autre part, en bon héritier d'une culture sectaire, il s'est doté d'un système organisationnel à sa botte, dont l'expression administrative officielle se limite aux trois postes requis pour la création d'une association : président, secrétaire et trésorier ! Il l'assume, estimant que le but de son mouvement « n'est pas d'être démocratique mais d'être collectif[38] ».

Il est vrai que La France insoumise est une organisation « gazeuse », dont le mode de fonctionnement n'a rien à voir avec celui des partis classiques. À la base, les groupes locaux rassemblent des adhérents qui peuvent s'inscrire gratuitement sur internet, ce qui est un gage d'ouverture. Toutefois, leurs marges d'action militante sont largement dépendantes des moyens financiers octroyés au sommet. La volonté d'élargir la discussion à tous est par ailleurs limitée par le refus de délibérations contradictoires pouvant conduire à des désaccords formalisés en courants. Ainsi, la

38. « Mélenchon dit tout », *Le 1*, 18 octobre 2017.

ligne politique définie au sommet sur des sujets comme la guerre en Ukraine, l'accord électoral de la Nupes ou les investitures du Nouveau Front populaire n'a jamais donné lieu à des votes. Le paradoxe est surprenant pour un mouvement prônant la VIe République et une revitalisation de la démocratie parlementaire et citoyenne. Mais la verticalité de la décision reste entre les mains du groupe dirigeant, dont la composition est le fruit d'une simple cooptation au sommet. La contestation interne, lorsqu'elle s'exprime publiquement, peut vite déboucher sur l'excommunication.

Le bruit et la fureur

Conçue pour accompagner une marche présidentielle, La France insoumise propose un programme de rupture et un engagement écologique qui résonnent auprès d'un peuple de gauche gagné par la culture frondeuse après le quinquennat Hollande et peu sensible aux appels du pied macronistes. Et sa trajectoire rectiligne face au discrédit ou aux divisions de ses concurrents socialiste et écologiste a déclenché la mécanique du vote utile en sa faveur. La rafle de voix, une première fois en 2017, a touché la moitié de l'électorat se positionnant du côté gauche de l'échiquier politique. Cinq ans plus tard, elle a été confirmée de manière éclatante en plaçant le leader insoumis à quelques encablures du deuxième tour.

Dès lors, la stratégie de Jean-Luc Mélenchon a consisté à imposer son leadership sur des alliés devenus des vassaux. Pour ces derniers, la Nupes fut une bouée de sauvetage inespérée pour sauver ou retrouver leurs groupes parlementaires et assurer leur financement public. Ils ont cautionné ou laissé faire une tactique d'opposition frontale au Palais-Bourbon qui n'a pas contribué à redorer l'image de la démocratie parlementaire. L'Assemblée nationale est devenue une enceinte tumultueuse, ponctuée par les interventions bruyantes, les dérapages verbaux ou l'obstruction organisée. Quant à la multiplication des motions de censure, elle a fini par démonétiser leur objet. Déposées notamment contre l'usage répété et contestable de l'article 49.3 par la majorité présidentielle, certaines ont mêlé les voix de la gauche à celles de l'extrême droite. Au bout de l'histoire, la crédibilité de la nouvelle union s'est détériorée au point qu'elle apparaissait aux yeux des Français, à la rentrée 2023, comme moins crédible que le Rassemblement national (19% contre 36%), moins compétente (18% contre 35%), plus violente (32% contre 22%) et plus dangereuse (36% contre 18%)[39]. Joli résultat!

Il est vrai que, sur les trois grands sujets qui préoccupaient le plus les Français – les retraites; l'inflation et le pouvoir d'achat; le climat et la transition énergétique –, les promoteurs de la Nupes n'ont guère réussi, pendant deux ans, à renverser le cours de choses ni même à faire entendre leur voix. Sur les retraites, ils se sont installés dans une bataille parlementaire trop virulente et confuse pour être entendue, laissant aux syndicats unis le soin de porter la parole des millions de manifestants contre une réforme jugée injuste. Ils ont voté très majoritairement contre la loi «pouvoir d'achat» de juillet 2002 portant augmentation des pensions et des minima sociaux – les socialistes s'abstenant –, laissant ainsi au Rassemblement national le beau rôle d'expliquer son vote finalement favorable par le fait que tout était bon à prendre pour améliorer l'ordinaire des plus fragiles. S'agissant de la question climatique, enfin, leurs voix trop sourdes ont facilité la tâche

39. Sondage Viavoice pour *Libération*, septembre 2023.

du gouvernement, qui a repris dans son portefeuille le défi de la planification écologique, porté pourtant depuis longtemps par les écologistes.

Jean-Luc Mélenchon n'a guère aidé à rendre attractive une alliance contre-nature aux yeux d'un électorat progressiste modéré. Dénonçant ce qu'il nomme l'arc réactionnaire, allant de la majorité présidentielle jusqu'à l'extrême droite, il s'est autorisé tous les coups contre les pouvoirs en place. Le président du Conseil représentatif des institutions juives de France (Crif), auteur d'une déclaration excessive et pour le moins discutable sur le fait que les insoumis seraient prêts à sacrifier la République sur l'autel du communautarisme, a été catalogué *ipso facto* d'extrême droite. Lors du cinquantième anniversaire du coup d'État d'Augusto Pinochet au Chili, l'amalgame a été prononcé entre les Chicago boys, à l'origine de la chute de Salvador Allende, et la politique actuelle du gouvernement. Les héritiers du quinquennat Hollande ont eu droit au même traitement quand Bernard Cazeneuve a été accusé d'être personnellement et moralement responsable de la mort du jeune Nahel, à l'origine des émeutes de juillet 2023, au motif que sa loi de 2017 étendait les cas de légitime défense de la police autorisant l'usage d'une arme feu.

Par la suite, l'assemblage électoral au forceps pour sauver les sièges de députés n'a pas résisté aux calculs des uns et des autres pour préserver, cette fois, leurs sièges de parlementaires européens. Le coup de canif dans l'union, suivi bientôt par les profondes divergences concernant la guerre entre Israël et le Hamas, a plongé la Nupes dans le coma. Fidèle à son style et fin tacticien, Jean-Luc Mélenchon a donc acté son décès et pris date pour le futur. Pourquoi, dans ces conditions, se prêter à la négociation d'une candidature unitaire pour la présidentielle de 2027, appelée de leurs vœux par ses ex-alliés? Son rappel à l'ordre n'était pas que de circonstance. Toute sa stratégie consiste à conserver le leadership sur ses partenaires pour les rallier, de gré ou de raison, à sa quatrième campagne pour l'Élysée ou, le cas échéant, à celle du successeur qu'il aura désigné.

Le résultat des élections européennes puis la dissolution de l'Assemblée nationale l'ont confirmé dans cette perspective. D'une part, la liste des insoumis, bien que devancée par celle du Parti socialiste, a plutôt mieux résisté que prévu. D'autre part, la convocation précipitée de législatives anticipées lui a permis de déclencher de nouveau le réflexe de l'union, au prix de quelques concessions programmatiques sur les questions internationales et de sa mise en retrait relative de la scène médiatique. Au fond, Jean-Luc Mélenchon a vite compris que le Nouveau Front populaire, auquel se sont ralliées en catastrophe, au nom du danger républicain, toutes les personnalités de gauche auparavant les plus hostiles à l'idée, ne parviendrait pas à s'imposer clairement face aux blocs de la majorité présidentielle et du Rassemblement national. Et que, d'une certaine façon, le terrain était désormais dégagé pour l'affrontement présidentiel qu'il appelle depuis longtemps de ses vœux. À la fin, laisse-t-il entendre, « ce sera elle (Marine Le Pen) ou moi ».

Ses alliés auront-ils les moyens d'empêcher ce scénario dont l'épilogue, au vu de toutes les études d'opinion, annonce la défaite du leader insoumis? Ce dernier se moque de leurs incartades et de leurs infidélités. Depuis longtemps, il manie le balancier entre une stratégie populiste qui en appelle à la révolution citoyenne contre l'incurie des élites et une diplomatie politique plus classique, avec les autres forces de gauche, qui consiste à faire bloc, sous son égide, contre la droite et l'extrême droite. Son dernier livre propose un cadre d'analyse alarmiste sur le risque d'effondrement de la civilisation humaine[40]. Selon lui, le capitalisme fixe une limite à la survie des espèces, il serait donc temps que le peuple fixe une limite au capitalisme. La victoire sera au bout de l'agrégation des mouvements en lutte contre les injustices sociales, les violences policières ou la stigmatisation des musulmans.

Jean-Luc Mélenchon se voit-il vraiment président de la République ? La question mérite d'être posée. Car pour lui, fidèle à la tradition révolutionnaire trotskiste, l'important est avant tout de tenir le drapeau, comme il aime souvent à le souligner. Sa mission est en partie accomplie depuis qu'il a inféodé les partis de la gauche de gouvernement autrefois réunis pour exercer le pouvoir. La suite ? À manier le bruit et la fureur anticapitalistes, à ignorer certaines craintes exprimées par les classes populaires, il conduit le peuple de gauche dans l'impasse. En l'écoutant, souvent sensibles à la colère qu'il exprime et au dégagisme qu'il inspire, nombre d'électeurs se sont probablement dit, en leur for intérieur, que la meilleure façon d'en finir avec les élites était de confier les rênes au Rassemblement national !

---

40. Jean-Luc Mélenchon, *Faites mieux ! Vers la révolution citoyenne*, Robert Laffont, 2023.

CHAPITRE 3
L'impasse du Nouveau Front populaire

Ce fut un véritable traumatisme électoral. En 2017, le peuple de gauche, traditionnellement attaché à l'idéal d'un réformisme radical, s'est retrouvé bien embarrassé entre l'offre politique inédite d'Emmanuel Macron et la radicalité des frondeurs détracteurs du quinquennat de François Hollande. Il s'est alors déchiré en adoptant deux positions symétriques. Une partie a jugé qu'il était inconcevable de renoncer à en découdre avec un système qui produit plus d'inégalités patrimoniales que d'ascension sociale et de partage du bien commun : elle a fait le choix tactique de Jean-Luc Mélenchon, au vu des sondages et malgré ses éventuels désaccords. L'autre partie (près d'un électeur sur deux de François Hollande en 2012[41]) a considéré que, devant le risque représenté par la droite et l'extrême droite, il valait mieux soutenir la perspective d'un pragmatisme patient pour dépasser des affrontements partisans jugés stériles : elle a donné sa voix à Emmanuel Macron, quelles que fussent ses interrogations.

Il faut dire que, depuis plus de quarante ans, le camp progressiste a plusieurs fois conquis le pouvoir sur des programmes d'inspiration radicale mais en a rapidement lissé

41. « Sociologie de l'électorat du premier tour de l'élection présidentielle », Ipsos, avril 2017.

– ou abandonné – les aspérités dans un nécessaire accommodement avec les contraintes de l'économie de marché et de l'exercice du pouvoir. Chaque fois, au nom du réalisme, le chamboulement promis n'a fait place qu'à des avancées certes réelles mais mesurées. Nombre d'électeurs de gauche en ont tiré la leçon que ce qui était acté, finalement, revêtait plus d'importance que ce qui était promis. Ils ont sauté le pas vers un réformisme définitivement assumé, quand bien même son centre de gravité était défini comme « et de gauche et de droite ».

Ces électeurs ont confirmé leur choix, cinq ans plus tard, en votant pour le président sortant. Entre-temps, socialistes et écologistes ont pratiqué l'un de leurs sports favoris : faire l'autruche. Au lieu de s'interroger sur leur perte d'influence et d'attractivité, les premiers ont tiré rapidement un trait de plume sur le quinquennat qui s'était mal fini et ont adopté la posture commode de frondeurs opposants au nouveau pouvoir. De leur côté, plutôt que de réfléchir à leur rôle stratégique et à leur positionnement politique devant l'urgence climatique, les seconds sont revenus à des réflexes partidaires. Les uns et les autres ont ainsi préparé les conditions d'un désastre électoral. Un an avant l'échéance présidentielle de 2022, Yannick Jadot faisait pourtant jeu égal avec Jean-Luc Mélenchon dans les sondages, après une précampagne visant à associer toutes les forces soucieuses de concilier les impératifs de la transformation écologique et sociale avec les contraintes de l'exercice du pouvoir[42]. La débandade qui a suivi – au terme d'une primaire soulignant les divisions du camp écologiste, de la campagne esseulée d'Anne

42. Denis Pingaud, *Une occasion manquée. Retour critique sur la campagne présidentielle de Yannick Jadot*, Fondation Jean-Jaurès, 2022.

Hidalgo, soutenue du bout des doigts par les dirigeants socialistes, mais aussi du cavalier seul de Fabien Roussel, devenant la coqueluche commode des leaders d'opinion, et du piteux exercice de primaire populaire préempté par Christiane Taubira – a débouché sur un échec à l'ampleur inattendue pour la gauche non insoumise. Et au résultat spectaculaire du leader des insoumis.

Fort de son deuxième succès consécutif, Jean-Luc Mélenchon a pu légitimement revendiquer le leadership à gauche et proposer son coup de génie : la Nupes. Contraints d'aller à Canossa, le Parti socialiste, Europe Écologie-Les Verts et le Parti communiste ont accepté dans l'urgence des conditions politiques fort discutables pour sauver leurs meubles parlementaires et financiers, au point que des questions aussi fondamentales que l'appartenance à l'Otan, le rôle de la France dans l'Union européenne, la place du nucléaire ou même la question des retraites n'ont pas fait l'objet d'un programme commun mais de synthèses floues ou de quelques constats de divergences. En réalité, La France insoumise a obtenu l'accord de ses partenaires sur les points essentiels de son propre document de référence, au terme de négociations nocturnes et parfois tumultueuses dans lesquelles le rapport de force était inégal[43].

Le bilan électoral de la Nupes a pu paraître flatteur en comparaison de la précédente législature : 151 députés contre 74, deux vice-présidents de l'Assemblée nationale contre zéro, et la présidence de la stratégique commission des finances. À y regarder de plus près, cependant, ce succès méritait d'être nuancé. Au premier tour, le total

43. Laurent Telo, *Voyage au bout de la gauche. Des guerres fratricides à la Nupes, la folle histoire d'une renaissance*, Stock, 2022.

des voix obtenues par la gauche et les écologistes, sous étiquette commune, n'avait été que légèrement supérieur à celui constaté cinq ans plus tôt pour les différents partis de l'alliance. La dynamique de l'union n'avait donc pas infléchi fondamentalement le choix des électeurs, mais l'unicité de candidature, en revanche, avait permis un accès quasi-automatique au deuxième tour. Dans cette configuration, les candidats dûment labellisés avaient dû leurs 90 victoires, dans les 270 duels qui les opposaient à la majorité présidentielle, à un report favorable des voix d'extrême droite à hauteur de 44 %[44]. Et contrairement aux espérances de leurs stratèges, le slogan « Mélenchon à Matignon » n'avait pas mobilisé les abstentionnistes entre les deux tours, bien au contraire, le taux de participation baissant en moyenne de dix points dans les circonscriptions où ils concouraient.

Deux ans plus tard, le succès revendiqué par le Nouveau Front populaire, sorte de Nupes bis, mérite d'être modéré, lui aussi. Le plus grand nombre de sièges à l'Assemblée nationale, en comparaison de la majorité présidentielle, de la droite et de l'extrême droite, camoufle une stagnation de l'audience électorale depuis maintenant sept ans. Les chiffres sont têtus : 26 % pour la gauche et les écologistes au premier tour de la présidentielle de 2017 ; 27,5 % au premier tour des législatives qui ont suivi ; 28 % au premier tour de la présidentielle de 2022 ; 29 % au premier tour des législatives qui ont suivi (en incluant les dissidents socialistes de la Nupes) ; et 29,5 %, finalement, au premier tour du dernier scrutin (en incluant les candidats labellisés divers gauche). Pour mémoire, la gauche plurielle avait réuni 43 % des suffrages au premier tour des législatives de

44. Sondage OpinionWay de juin 2022.

1997, qui devaient consacrer sa majorité absolue en sièges au second.

À la recherche de l'électorat populaire

Ce surplace s'explique au moins par deux facteurs. Le premier est la désaffection confirmée de l'électorat populaire, qui s'est porté à 44 % pour le Rassemblement national contre 27 % pour le Nouveau Front populaire[45]. Datées, les définitions de l'Insee en termes de catégories socioprofessionnelles n'aident pas toujours à rendre compte de la véritable physionomie de ces 50 % de Français qui gagnent moins que le salaire médian, estimé à 2 100 euros net par mois. Hier concentrée dans les bastions industriels, la mythique classe ouvrière n'a pas disparu mais s'est métamorphosée. Les fameuses deuxièmes lignes de la production, du commerce, de la distribution, des services ou des transports en constituent désormais le cœur. Selon le chercheur Étienne Penissat[46], les couches populaires, englobant ouvriers et employés du bas de l'échelle, se caractérisent par des traits communs qui dessinent le nouveau portrait du prolétariat moderne : le faible niveau de ressources malgré un travail souvent rude ; le bas niveau d'études ayant conduit à travailler relativement tôt.

Ce pan de l'électorat reste une clé décisive des scrutins nationaux. Et son poids est d'autant plus important que se fissure le fameux bloc des classes moyennes érigé par beaucoup comme une cible politique et électorale, à la fois homogène et stratégique. Entre les deux groupes sociaux,

45. « Sociologie du vote au premier tour des législatives », OpinionWay, juillet 2024.
46. Étienne Penissat, *Classe*, Anamosa, 2023.

les distinctions de revenu et de statut s'étiolent depuis une trentaine d'années, selon l'Organisation de coopération économique et de développement (OCDE). En France, le phénomène de déclassement a été observé par le sociologue Louis Chauvel[47]. L'aggravation des inégalités, la mobilité descendante, l'écrasement du pouvoir d'achat des salaires et la paupérisation des jeunes surdiplômés conduisent ceux qui ne disposent pas d'un socle de patrimoine au ressentiment et à l'inquiétude pour l'ascension sociale de leurs enfants.

En réalité, par-delà les niveaux de revenus ou d'éducation, la véritable césure de la société se situerait entre une minorité disposant de la capacité culturelle et sociale d'affronter les crises économiques et écologiques et l'ensemble des classes « figées », empêchées dans leur mobilité, leur relation au travail ou la construction de leur avenir[48]. À partir de 2010, le sentiment d'appartenir à la classe moyenne a d'ailleurs décliné dans les études de positionnement, alors même qu'il n'avait cessé de croître depuis les Trente Glorieuses. Les illusions d'optique se sont dissipées sur cette catégorie sociale, dont le gonflement statistique, mais surtout sémantique, était censé reléguer les classes populaires à l'histoire du xxe siècle.

Dans leur savante et passionnante somme sur le décryptage de deux siècles de vote aux élections nationales[49], Julia Cagé et Thomas Piketty, respectivement professeurs à Sciences Po et à la prestigieuse École d'économie

---

47. Louis Chauvel, *La Spirale du déclassement. Essai sur la société des illusions*, Points, 2016.
48. Agathe Cagé, *Classes figées. Comprendre la France empêchée*, Flammarion, 2024.
49. Julia Cagé et Thomas Piketty, *Une histoire du conflit politique. Élections et inégalités sociales en France, 1789-2022*, Seuil, 2023.

de Paris, concluent que le déterminant fondamental de l'électorat le moins bien loti reste le sentiment d'appartenir à une classe socialement défavorisée et abandonnée par la puissance publique. Dans les zones rurales et périurbaines, la démagogie de l'extrême droite capterait leurs suffrages, tandis que, dans les zones urbaines, la gauche serait toujours la plus influente. Quant au parti macroniste, il incarnerait le vote le plus bourgeois et favorisé de toute l'histoire contemporaine. Selon les auteurs, mieux comprendre et canaliser la protestation de la France des territoires permettrait de recoudre une base électorale populaire pour la gauche et de briser, par là même, l'hégémonie de l'extrême droite.

La thèse prête évidemment à discussion. Les auteurs minimisent le sentiment des milieux populaires d'être lésés à la fois par le haut (les riches) et le bas les («assistés»), brouillant ainsi la conscience de classe[50]. Ils sous-estiment également l'impact des déterminants autres que la condition sociale dans l'expression des suffrages. Les questions ayant trait au libéralisme culturel, à la sécurité ou à l'immigration constituent des explications de vote régulièrement documentées dans les études. Par ailleurs, le sens que le citoyen peut conférer à son choix, eu égard à son espace relationnel familial ou professionnel, ne s'aligne pas nécessairement sur des clivages partisans[51]. Enfin, la perte d'espoir des classes populaires, hier inscrites politiquement dans l'aspiration à un meilleur destin commun, aujourd'hui abandonnées sous le rouleau compresseur de la mondialisation financière et de la fragmentation

50. Olivier Schwarz, *Le Monde privé des ouvriers. Hommes et femmes du Nord*, PUF, 2012 [1990].
51. Patrick Lehingue, *Le Vote. Approches sociologiques de l'institution et des comportements électoraux*, La Découverte, 2011.

sociale, est un ferment de détachement vis-à-vis des projets politiques portés par la gauche[52].

Un programme doublement daté

C'est probablement le deuxième facteur explicatif de la stagnation électorale observée entre feue la Nupes et le Nouveau Front populaire. Si des compromis ont pu être noués sur des sujets pressants d'actualité internationale, tandis que des silences ont persisté sur des thèmes de dissension comme le nucléaire, si le Parti socialiste a pu se targuer d'une forme de rééquilibrage au vu des résultats des élections européennes, les grandes lignes du projet de 2024 sont aussi radicales que celles de 2022. Et laissent toujours incrédule le peuple de gauche séduit puis déçu par le macronisme. Le ralliement de la plupart des dissidents socialistes, qui avaient dénoncé deux ans plus tôt un accord jugé contre-nature, doit d'ailleurs certainement plus à la gravité exceptionnelle des circonstances qu'à un acquiescement sans condition au mandat de législature élaboré en quelques jours après l'annonce de la dissolution.

Ce dernier a évidemment fait l'objet d'un tir de barrage – aussi violent que parfois indécent – de la part de tout ce que compte la bienséance libérale et conservatrice. Les arguments assénés à longueur de colonnes ou de plateaux se sont résumés à une propagande simpliste : la banqueroute économique au bout de l'application d'un programme de dépenses publiques impossible à financer ; le chaos dû au laxisme des mesures concernant les questions régaliennes. On connaît la chanson ! Il y a un peu

52. Nicolas Duvoux, *L'Avenir confisqué. Inégalités de temps vécu, classes sociales et patrimoine*, PUF, 2023.

plus de quarante ans, les chars russes devaient débouler sur les Champs-Élysées si par malheur François Mitterrand, allié aux communistes, était appelé à prendre le pouvoir. Aussi surannés soient-ils, certains couplets méritent toutefois d'être écoutés, car ils évoquent des sujets qui travaillent l'opinion publique.

Sur le plan économique, la critique la plus frontale met en cause l'applicabilité d'un programme dont les généreuses propositions sociales, à commencer par l'augmentation du smic à 1 600 euros net par mois, se traduirait par des coûts insupportables pour les entreprises, et donc des faillites destructrices d'emplois. Sur le plan sociétal, l'accusation met l'accent sur la naïveté ou les silences d'un projet qui ne prendrait pas suffisamment à bras-le-corps la lutte contre l'insécurité et la nécessaire régulation de l'immigration. Ces attaques résonnent dans la tête des électeurs qui n'ont ni la mémoire courte ni la vie facile. Ils ne comptent plus les promesses séduisantes mais impraticables qui ont entretenu leur défiance à l'égard du personnel politique. Croit-on pouvoir les convaincre par l'idée magique d'un blocage des prix ? Ou les rassurer par l'éternelle perspective d'une police de plus grande proximité ?

En vérité, les conditions de son élaboration, forcément précipitée, rendent le programme du Nouveau Front populaire doublement daté. L'objectif de justice sociale recourt à des recettes immédiates fort classiques de rattrapage salarial massif et de réforme fiscale étendue. À plus long terme, il impliquerait un vaste plan de dépenses publiques en faveur du logement, de la culture ou de l'école qui évoque, là aussi, les traditionnels engagements de la gauche en quête de pouvoir. L'originalité du projet n'est pas son point marquant. Plus ennuyeux, il prend appui sur un raisonnement keynésien, bien connu mais en partie caduc à l'heure de la transition écologique, selon lequel la distribution de pouvoir d'achat engendre un regain de consommation et donc un accroissement des recettes fiscales. Autrement dit, son financement serait gagé par un net regain de la croissance, vision quelque peu hérétique pour ceux qui en contestent le mythe et dénombrent ses effets négatifs en termes d'émissions de carbone.

Avec une audience populaire trop limitée et un programme de gouvernement trop contestable, le Nouveau Front populaire conduit le camp progressiste dans une impasse. Les Français, travaillés par les craintes pour leur pouvoir d'achat et leur santé, le constat des injustices sociales, les inquiétudes générées par le dérèglement climatique, les interrogations devant la hausse de l'immigration clandestine et l'angoisse face à la montée des violences, sont partagés entre la tentation malsaine de s'abandonner à l'extrême droite et l'espoir fragile de s'en remettre à une alternative crédible au règne jupitérien. Pour conjurer le désenchantement et redonner confiance, une autre voie est possible : la social-écologie.

CHAPITRE 4
Le temps de la social-écologie

La question climatique est un redoutable boomerang. Oubliée de la décision publique quand les colonnes de tracteurs affolent les politiques, en France comme en Europe, la voilà qui revient sur le devant de la scène quand la chaleur écrase, quand les rivières débordent et quand le trait de côte recule. Par la force des choses, quels que soient le déni des uns ou la procrastination des autres, elle vient percuter les traditionnelles oppositions politiques, philosophiques ou anthropologiques entre l'économique et le social, l'autorité et la liberté, le progrès et le vivant. Toutes les données scientifiques convergent pour en rappeler les termes et les conséquences en matière de choix énergétiques, écologiques et environnementaux. Et pour exhorter à répondre à une interrogation qui n'est ni théorique ni lointaine : comment préserver un modèle de société qui assure à la fois la limitation du réchauffement planétaire et la justice sociale ?

L'équation est nouvelle. Il s'agit ni plus ni moins de redéfinir les termes du progrès et de la démocratie en considérant la nature comme partie prenante dans la production et la redistribution des richesses. Quand sociaux-démocrates ou libéraux s'activaient autrefois à pousser la croissance pour mieux en répartir les fruits dans la société, les progressistes d'aujourd'hui doivent s'interroger sur la meilleure manière de préserver le « facteur planète », autrement dit de lui rendre sa part en limitant drastiquement l'épuisement de ses ressources. Tout en équilibrant ce qui est dévolu au « facteur capital », le moteur de l'activité économique, et au « facteur travail », au nom de sa juste rémunération et de la réduction des inégalités.

Le défi de la transition est immense. Comment le relever ? La social-écologie est un concept forgé il y a plus de dix ans par l'économiste Éloi Laurent, chercheur à l'Observatoire français des conjonctures économiques (OFCE). Dans un ouvrage pédagogique, il en a précisé les contours[53]. Il suggère une approche complètement intégrée des défis écologiques et de leurs impacts sociaux pour mener à bien une transformation profonde du modèle de développement. Il revendique de traiter la question environnementale et climatique autrement que comme une variable d'ajustement, de se concentrer sur les inégalités plutôt que sur la croissance, et de penser l'économie de manière holistique pour préserver la planète et les libertés. La traduction de cette approche en un programme de gouvernement implique de se distinguer d'une vision dirigiste de contrainte et de s'opposer à une approche libérale de louvoiement. Il importe également de prendre le contre-pied d'un populisme cédant au climato-scepticisme et promouvant des formes surannées d'agrarisme et de localisme.

Une nouvelle alliance comme débouché politique

Les préoccupations sur la question écologique, bien que rattrapées ces derniers temps par celles concernant le

53. Éloi Laurent, *Économie pour le XXIe siècle. Manuel des transitions justes*, La Découverte, 2023.

pouvoir d'achat ou la sécurité, n'ont cessé de croître depuis plusieurs années. La multiplication des événements climatiques extrêmes, les débats récurrents sur les effets des pesticides sur la santé, la prise de conscience des atouts d'une alimentation locale et moins consommatrice d'énergie, la stupéfaction devant la disparition annoncée de milliers d'espèces animales et végétales : tout concourt à travailler les esprits. D'une certaine façon, l'écologie politique a gagné la bataille culturelle sur la nécessité de changer le mode de développement, en même temps que son expression politique s'est marginalisée.

Reste à savoir quelles forces sociales seraient prêtes à s'engager sur la voie d'une transition nécessairement synonyme de bouleversements dans la vie quotidienne, qu'il s'agisse de conditions de travail, de pratiques de mobilité, de modes de consommation ou d'usage des produits. Historiquement, le projet d'émancipation à l'égard d'un système économique profitant aux nantis et pénalisant les autres a été porté par la gauche et soutenu par l'électorat populaire, qui y voyait et mesurait son intérêt. En est-il de même aujourd'hui, quand l'apparente contradiction entre la fin du mois et la fin du monde ou la crainte grandissante de la double peine climatique et sociale font fructifier le thème de l'« écologie punitive » ? Il appartient justement à la social-écologie de démontrer la continuité et la persistance du combat pour s'affranchir des inégalités climatiques.

Les ménages pauvres et modestes, en effet, sont ceux qui ont le plus besoin de politiques publiques actives contre le dérèglement du climat, parce qu'ils sont surexposés aux pollutions, aux canicules, aux inondations et, dans les agglomérations, ont le moins accès à la nature et aux espaces verts. Ils sont par ailleurs lourdement pénalisés par le poids de la consommation énergétique dans leur budget. Dès lors, un système d'accompagnement, d'aide et de compensation asymétrique pour taxer le carbone, dont les plus aisés sont les plus grands émetteurs, constitue la pierre angulaire d'un projet social et écologiste. L'objectif est de faire adhérer un bloc électoral populaire aux principes d'une transition juste. C'est une condition nécessaire mais pas suffisante.

Dans la dernière partie de son œuvre consacrée à la crise climatique et à ses conséquences politiques, le sociologue Bruno Latour a réfléchi aux conditions d'émergence d'une « classe écologique ». Selon lui, une part importante des élites préférerait contourner plutôt qu'affronter l'obstacle du changement de mode de développement[54]. Pour préserver leurs privilèges, elles se résigneraient à l'explosion des inégalités et seraient tentées par un retour à des formes de protectionnisme pour mieux affronter les conséquences géopolitiques du dérèglement du climat. Par opposition, Bruno Latour suggérait une sorte de compromis historique autour de l'enjeu d'habitabilité de la planète pour forger une utopie centrale, au même titre qu'autrefois le socialisme ou le libéralisme. Des forces sociales disparates mais reliées par ce même idéal – le maraîcher bio, le réparateur d'électroménager ou le cadre circulant à vélo – auraient vocation à prendre le relais de classes dirigeantes ayant failli, à poursuivre l'histoire de la gauche émancipatrice et à imposer non seulement un rapport de force mais une nouvelle culture de l'humain, vivant parmi d'autres vivants.

54. Bruno Latour, *Où atterrir ? Comment s'orienter en politique*, La Découverte, 2017.

Une telle utopie peut-elle advenir autour d'un débouché politique ? Les figures progressistes et écologistes se cherchent des cadres de pensée communs pour définir de nouveaux intérêts collectifs et de nouveaux compromis redistributifs entre catégories sociales dans la perspective de la transition climatique. Comment rendre celle-ci à la fois indispensable et désirable pour une majorité de l'électorat : telle est la question. La piste principale est certainement d'en démontrer les bénéfices directs tels que les créations d'emplois dans de nouveaux secteurs d'activité, la baisse de certains coûts dus au gaspillage ou à la surconsommation, ou l'amélioration de la santé. Et puis d'en préciser la logique : plus contributive pour les mieux lotis, mieux ciblée pour les plus modestes, afin de neutraliser ses effets sur le pouvoir d'achat.

Pour être crédible, cependant, un projet social-écologiste doit assumer une démarche à la fois de rupture – parce que les risques de catastrophe écologique l'imposent – et de raison – parce que gouverner, c'est convaincre et associer. Les canons programmatiques traditionnels de la gauche, fussent-ils réécrits avec des accents environnementaux, sont en partie obsolètes. Quatre questionnements majeurs méritent réflexion : comment réinventorier les expériences contemporaines de la social-démocratie au pouvoir, en France et en Europe ? Comment redéfinir le progrès comme critère de société durable et solidaire ? Comment enrichir la démocratie représentative à l'aune des initiatives et des mobilisations qui en interrogent les limites ? Comment réapprendre à faire de la politique pour restaurer un climat de confiance et d'optimisme ?

Un glissement sémantique : de la social-démocratie à la social-écologie

La social-démocratie a connu son âge d'or durant les Trente Glorieuses, après la Seconde Guerre mondiale. Même si elle ne gouvernait pas partout en Europe, le modèle scandinave était alors une référence pour les partis de la gauche non communiste, qui préconisaient un compromis entre le capital et le travail dans le cadre de l'économie de marché. Elle entendait composer avec un système capitaliste dont l'efficacité était supposée garantir le déploiement de ses objectifs sociaux. D'une certaine façon, elle exerçait une domination culturelle rendue possible par la forte croissance économique et la redistribution que celle-ci pouvait engendrer. En relation étroite et organique avec les syndicats, beaucoup plus au nord de l'Europe qu'au sud, elle s'appuyait partout sur les couches populaires pour conquérir le pouvoir.

Mais cette combinaison keynésienne et électorale a calé à partir de la fin des années 1970. La double crise d'une moindre croissance et d'une transformation des modes de production a débouché sur un ralentissement des acquis sociaux et un début de désindustrialisation. La social-démocratie a connu alors une série de revers électoraux, notamment au Royaume-Uni en 1979 et en Allemagne en 1983, qui ont conduit travaillistes britanniques et sociaux-démocrates allemands à une cure d'opposition respectivement de seize et dix-huit ans. Le renouveau de la fin des années 1990, quand Lionel Jospin, Tony Blair, Gerhard Schröder et Massimo d'Alema ont dirigé concomitamment les gouvernements des quatre principales puissances économiques européennes, n'a duré qu'une décennie.

Ce fut une période de repositionnement de la social-démocratie. Théorisant la disparition progressive de la classe ouvrière et glorifiant les classes dites moyennes, ses figures de proue au Royaume-Uni ou en Allemagne ont imaginé la troisième voie. Celle-ci devait réconcilier progressistes et libéraux dans un même projet de société. Prenant acte des limites des politiques de redistribution, dans un nouveau contexte de croissance faible, les partis sociaux-démocrates ont opté pour une stratégie pragmatique d'adaptation aux mécanismes d'une économie libérale mondialisée. Ils se sont employés, au pouvoir, à stimuler une politique de l'offre et de libéralisation du marché du travail, au nom de l'efficacité, pour préserver le modèle social qu'ils défendaient. Si, politiquement, les approches ont divergé d'un pays à l'autre, le même credo prédominait : l'amélioration des conditions de vie des classes laborieuses dépendait étroitement de politiques économiques orientées vers la productivité et l'accroissement des richesses. Parallèlement, la montée des revendications sociétales conduisait à mettre l'accent sur des réformes portant davantage sur les droits individuels que sur les droits collectifs.

La promesse, cependant, s'est fracassée sur le réel. Les hérauts de la troisième voie, dont s'est toujours prudemment départi Lionel Jospin en France, ont doublement échoué : ils n'ont pas convaincu ces classes moyennes supposées plus ou moins homogènes dans leurs réflexes et leurs intérêts politiques ; ils n'ont pas endigué le ressenti et les revendications des couches populaires victimes de la désindustrialisation et sensibles au discours de l'extrême droite. La reconfiguration théorique de la gauche de gouvernement a finalement conduit à son déclin électoral. La fidélité de sa base s'est émoussée et la popularité des dirigeants sociaux-démocrates s'est effondrée. Au Royaume-Uni, Tony Blair a démissionné en 2007 et les travaillistes ont perdu les élections de 2010 au profit des conservateurs. En Allemagne, le parti social-démocrate, en perte de vitesse, a choisi de s'allier avec la Démocratie chrétienne d'Angela Merkel à partir de 2005, ce qui a accéléré son repli. En Italie, l'alliance de gauche a cédé le pouvoir à Silvio Berlusconi en 2001 et ne l'a retrouvé que brièvement entre 2006 et 2008. En France, l'élimination de Lionel Jospin pour le deuxième tour de la présidentielle, en 2002, a renvoyé le Parti socialiste dans l'opposition pour dix ans.

Le temps des frondeurs

Vint l'heure des bilans, souvent rédhibitoires, sur la crise et l'impasse de la social-démocratie. Dans la plupart des pays européens sont nés des courants politiques dénonçant une forme de dévoiement de l'idéal par la compromission au pouvoir. Au sein des partis socialistes, les oppositions de gauche ont fleuri, revendiquant une plus grande radicalité dans la rupture avec le système économique. Sur leurs flancs ont émergé des mouvements préconisant un rassemblement des forces hostiles au système capitaliste, un rapport nouveau à la démocratie citoyenne et la mise en avant des revendications écologistes et féministes. Ces courants critiques ont enregistré parfois de brillants succès électoraux, comme Podemos en Espagne, sans réussir toutefois à s'imposer au pouvoir. En Grèce, Syriza est parvenu à former un gouvernement qui, malmené par la crise de la dette publique et la pression des bailleurs de fonds internationaux, a finalement été de courte durée.

En France, en 2012, l'élection à la présidence de la République de François Hollande, allié avec les écologistes, a tranché avec la morosité frappant les sociaux-démocrates européens. Isolé sur la scène européenne, le Président a dû composer avec des chefs de gouvernement qui lui étaient politiquement hostiles. Revendiquant finalement l'étiquette de social-démocrate, à contre-courant d'une gauche française historiquement méfiante vis-à-vis de cette appellation, il a conduit une politique de rigueur budgétaire et de soutien à la compétitivité des entreprises, tout en instaurant un dialogue social permanent avec les forces syndicales. S'il a réussi en fin de mandat à inverser la courbe du chômage, il a subi l'hostilité des frondeurs au sein même du PS, qui devait aboutir à son affaiblissement politique et, finalement, à son renoncement à se représenter. Les pourfendeurs du quinquennat qui a mal fini ont justifié leur acharnement : le président socialiste, élu pour en finir avec la droite à l'Élysée depuis 1995, se serait fourvoyé dans le social-libéralisme. En claudiquant sur une jambe d'appui libéral, il aurait déroulé le tapis rouge aux fossoyeurs macronistes.

En vérité, la social-démocratie française ne s'est jamais complètement remise des conditions exceptionnelles qui ont permis son accession au pouvoir en 1981. L'union de la gauche de l'époque, procédant d'une stratégie visionnaire de François Mitterrand pour en finir avec la domination électorale du Parti communiste, s'était bâtie sur un programme en comparaison duquel ceux de La France insoumise, de la Nupes ou du Nouveau Front populaire apparaissent bien pâles en termes de radicalité. Mais elle s'est soudée autour d'un homme dont l'histoire et les convictions avaient plus à voir avec les valeurs des sociaux-démocrates d'Europe du

Nord, atlantistes, Européens et anticommunistes, qu'avec les tenants d'une rupture raisonnée avec l'économie capitaliste. Deux gauches de sensibilités différentes cohabitaient déjà dans l'exercice d'un pouvoir qui a rapidement pactisé avec les contraintes de l'Europe et du marché.

Un débat de fond jamais tranché

Au sein du PS, puissance dominante de la vie politique française jusqu'au début du XXIe siècle, la cohabitation a perduré sans que jamais ne soit tranché le débat de fond sur les objectifs et le rôle d'une gauche réformiste de gouvernement dans une économie mondialisée, une société dispersée par la désindustrialisation et la périurbanisation, et une démocratie corsetée par une forme de monarchie républicaine. Les tentatives de synthèse politique durant la période où le PS est revenu aux manettes avec Lionel Jospin ont tourné court après le tsunami politique du 21 avril 2002. La ferveur dont a bénéficié Ségolène Royal en 2007 relevait plus de son aura contre les éléphants que de sa doctrine de l'ordre juste. Paresse intellectuelle devant le défi de la pensée[55] ? Règlements de compte ayant offert le triste spectacle du congrès de Reims en 2008 ? Les socialistes ont abordé la bataille de 2012 après avoir perdu à la fois leur aile gauche, partie avec Jean-Luc Mélenchon, et leur champion social-libéral Dominique Strauss-Kahn, rattrapé par la justice.

Le quinquennat de François Hollande a illustré ce déficit de doctrine et facilité les postures troubles et les jugements à l'emporte-pièce de la génération socialiste post-mitterrandienne. Un exemple parmi d'autres fut la surprenante saillie de Pierre Moscovici, alors ministre de

55. Astrid de Villaines, *Les Sept Péchés capitaux de la gauche*, JC Lattès, 2022.

l'Économie et des Finances, s'inquiétant d'un « ras-le-bol fiscal », un an après la décision de rétablir l'impôt sur la fortune et d'alourdir l'impôt des Français les plus favorisés. Ces mesures étaient pourtant inscrites dans l'ADN d'une social-démocratie engagée dans la réduction des inégalités et le rétablissement des comptes publics. De même, la fronde contre les dispositifs destinés à enrayer la dégradation de la compétitivité des entreprises françaises a révélé le désarroi d'une partie de la gauche contestant l'efficacité d'une stratégie combinée d'offre économique et de progrès social. À cela s'est ajouté le scepticisme de beaucoup devant l'affichage d'une présidence « normale » dans un système institutionnel profondément anormal, qui n'a pas empêché le recours au 49.3 pour dompter les frondeurs[56]. Pour avoir esquivé les débats de fond sur l'exercice du pouvoir, la social-démocratie française s'est retrouvée bien dépourvue.

Dans son inventaire du quinquennat Hollande, la Fondation Jean-Jaurès s'interroge avec précaution sur les spécificités historiques de la gauche en France, pour décerner finalement un brevet de bonne conduite sociale-démocrate à l'ancien président pour les quatre premières années de son mandat[57]. Acceptation de l'économie de marché et réduction des déficits publics pour favoriser l'emploi et maintenir la redistribution vers les plus défavorisés ; prise de conscience d'un modèle de développement plus soutenable, avec en point d'orgue la COP21 ; élargissement des droits individuels symbolisé par le mariage pour tous ; approfondissement de la démocratie grâce à

---

56. Alain Minc, *« Mes » présidents*, Grasset, 2020.
57. Alain Bergounioux et Gilles Finchelstein (dir.), *Inventaire 2012-2017. Retour sur un quinquennat « anormal »*, Fondation Jean-Jaurès, 2018.

une plus grande indépendance de la justice et des médias et une meilleure transparence de la vie publique ; recherche obstinée de compromis avec les partenaires sociaux : tous les ingrédients d'un bilan soutenable semblaient réunis.

Mais, par-delà les erreurs finales sur l'imposition de la loi travail – sans prendre la mesure des oppositions au sein même de la majorité – ou sur le projet d'extension de la déchéance de nationalité après les attentats de novembre 2015 – moralement à contresens des valeurs historiques de la gauche –, il a manqué sans doute un maillon essentiel pour dresser un inventaire globalement positif : la perception par l'opinion d'une amélioration tangible de ses conditions de vie. Ce que le principal intéressé a reconnu à sa façon, dans le livre consacré à l'analyse de sa présidence, en soulignant notamment que la cohérence de sa politique avait produit des effets sociaux – à commencer par la décrue du chômage – trop tardifs[58].

Des analyses trop hexagonales

Il y a deux façons, aujourd'hui, de ferrailler avec le projet social-démocrate. La première consiste à tirer un trait d'égalité avec ce qu'il est convenu de nommer le social-libéralisme. C'est une thèse qui considère notamment qu'à force de respecter les règles du marché, de substituer l'assistance individuelle à la redistribution collective et de s'inscrire dans le cadre d'une Europe à dominante libérale, l'utopie d'une régulation de l'économie pour réduire les inégalités sociales s'effondre[59]. La seconde manière, s'agissant plus spécifiquement de la France, est de constater que la gauche de gouvernement s'est progressivement

58. François Hollande, *Les Leçons du pouvoir*, Stock, 2018.
59. Mateo Alaluf, *Le Socialisme malade de la social-démocratie*, Syllepse, 2021.

désidéologisée en abandonnant sa fonction d'agrégateur et de canalisateur des intérêts sociaux des dominés face aux dominants. Elle ne serait plus qu'un syndicat d'élus, de plus en plus coupé des réalités de terrain[60], les fractures territoriales expliquant en partie la désaffiliation électorale des couches populaires.

Ces analyses restent en partie hexagonales. La social-démocratie n'est pas encore morte en Europe et tente de résister tant bien que mal à la vague continentale d'extrême droite. Bien que récemment battue au Portugal, submergé par une déferlante nationaliste, elle n'a pas connu l'échec annoncé en Espagne, où elle dirige une majorité fragile avec les indépendantistes catalans. Elle tient vaille que vaille en Allemagne, dans le cadre d'une coalition avec les Verts et les Libéraux, malgré la poussée des populistes radicaux. Son retour aux affaires est acté au Royaume-Uni, après quinze années d'opposition. Reconduite avec son meilleur score depuis vingt ans lors des dernières législatives, elle dirige toujours le Danemark. Défaite en Suède en 2022, elle n'en a pas moins obtenu le score flatteur de plus de 30 % des voix. Ce n'est pas si mal pour un courant politique que l'on croirait, vu de France, bien moribond.

Il n'en reste pas moins que cette présence au pouvoir camoufle des situations très différenciées et une unité de pensée très fragile. Pedro Sanchez doit sans doute sa survie gouvernementale en Espagne à une politique réussie contre le chômage et généreuse pour les plus défavorisés, ainsi qu'à des compromis discutables avec les indépendantistes catalans. Les sociaux-démocrates allemands, après avoir reconquis quelques couleurs électorales auprès des couches populaires, ont été battus aux élections européennes et

60. Rémi Lefebvre, *Faut-il désespérer de la gauche ?*, Textuel, 2022.

gèrent une alliance brinquebalante avec leurs alliés libéraux et écologistes, dont le refus obstiné du nucléaire agit comme un épouvantail en temps de crise énergétique. Quant au gouvernement danois dirigé par la sociale-démocrate Mette Frederiksen, il se distingue par une approche migratoire très restrictive, le Parlement allant jusqu'à voter le principe d'une externalisation territoriale des demandeurs d'asile. Les travaillistes anglais, de leur côté, prônent prudemment le retour de l'État stratège et parlent de *«securonomics»* s'agissant des droits des salariés, tout en écartant une fiscalité plus lourde pour les nantis.

Comment, dans ces conditions, recoudre une pensée sociale-démocrate cohérente avec ses fondements de justice sociale et d'émancipation collective? Historiquement, la social-démocratie a été la force motrice d'un combat obstiné et patient pour réduire les inégalités, favoriser l'emploi, bâtir un système de protection sociale, moderniser la société, étendre les libertés et défendre la démocratie. Mais elle s'est égarée trop souvent dans des politiques peu lisibles, mimant jusque dans son lexique des concepts forgés par les penseurs du néolibéralisme moderne. Fondamentalement, elle a hésité trop longtemps à prendre la mesure des enjeux écologiques et climatiques, qui conditionnent désormais tout projet de société plus solidaire. Il est temps pour elle de revisiter sa raison d'être.

Quelques anciens socialistes ralliés à Emmanuel Macron ont essayé, sans convaincre, de vanter le progressisme présumé du président de la République comme une version moderne de la social-démocratie. Plus sérieusement, beaucoup de figures réformistes n'ayant pas cédé aux sirènes macronistes en 2017 tentent de reprendre le fil de l'histoire et de faire entendre une voix différente de la culture frondeuse dominante à gauche. Personnalités, clubs, « labs » et même un nouveau média en ligne piloté par le journaliste Laurent Joffrin[61] portent un étendard apparemment usé mais ô combien symbolique. Plusieurs de ces personnalités ont présenté, en janvier 2024, un « programme fondamental pour une nouvelle gauche de gouvernement », destiné à reconstituer les fondations de leur courant et à en renouveler les piliers[62].

La transition heureuse

En vérité, la première opération de reconstruction consiste à revendiquer haut et fort le glissement sémantique vers un horizon social-écologiste. Car le logiciel de la social-démocratie est en partie obsolète. Fondé à l'origine sur une logique productiviste, il se heurte désormais à la finitude des ressources planétaires et aux impératifs de la lutte pour le climat. Or l'urgence écologique impose un abandon rapide des énergies fossiles et une reconversion industrielle qui organise la décroissance des activités polluantes et la montée en puissance des activités décarbonées. Cet impératif implique à la fois des choix drastiques en matière de financement public et un accompagnement social promouvant une sécurité de pouvoir d'achat, de formation et d'emploi pour les salariés qui seront affectés par la transformation de l'économie.

Autrement dit, la ligne directrice est celle d'arbitrages politiques et budgétaires clairs, avec l'objectif d'un mix énergétique sans pétrole ni gaz. La taxation du carbone ne doit plus être une variable d'ajustement aux risques

61. Lejournal.info
62. Le Lab de la social-démocratie, *Le Pouvoir d'agir. Construire la démocratie sociale-écologique*, VA Éditions, 2024.

d'opinion, mais un choix assumé prévoyant la compensation de ses effets sur le pouvoir d'achat des populations les plus fragiles. Nécessaire également est le refus catégorique des externalités négatives pour l'environnement des infrastructures de logement, de mobilité ou d'activités industrielles. Quant à la protection des sols et de la nature, elle n'a plus vocation à être une option, mais la contrepartie d'un nouveau droit reconnu à l'ensemble du vivant.

Le pari est aussi de définir une voie compatible avec l'intégration de la France dans l'économie européenne et mondiale, de considérer la bifurcation comme un rééquilibrage entre gagnants et perdants de l'ordre néolibéral productiviste et, plus cardinal encore, de qualifier un nouvel imaginaire politique susceptible d'entraîner les couches sociales qui auraient le plus à perdre dans un *statu quo*. Bref, il s'agit d'inventer la transition heureuse. C'est la perspective que propose Paul Magnette, président du Parti socialiste belge francophone et professeur de théorie politique à l'Université libre de Bruxelles[63]. Pour ce social-démocrate historique, qui reprend volontiers l'idée de classe écologique, la gauche est appelée à bouleverser son cadre de pensée pour intégrer les nouveaux enjeux d'une transformation progressiste de la société.

Valeur travail, inégalités de patrimoine ou sécurité quotidienne en font partie. À l'heure de la grande démission dans les secteurs d'activité mal rémunérés, de l'expansion du télétravail pour ceux qui ont la chance de ne pas être postés ou des crispations identitaires sur l'emploi des immigrés, la question du travail comme source d'émancipation et de projection dans l'avenir refait surface[64]. Les

63. Paul Magnette, *La Vie large*, La Découverte, 2022.
64. Laurent Berger, *Du mépris à la colère*, Seuil, 2023.

progressistes sont régulièrement accusés de l'avoir délaissée au profit de combats sociétaux. Mais elle pointe de nouveau son nez quand la smicardisation s'étend et que s'étiolent, au fil des réformes, les droits au chômage ou aux revenus de solidarité. Autrefois, travailler était synonyme d'amélioration progressive de son existant et de constitution d'une retraite pour ses vieux jours. Dans les années de forte croissance, de 1950 à 1980, il fallait ainsi compter environ quinze ans pour doubler son niveau de vie. Aujourd'hui, au rythme ralenti – et malmené par l'inflation – de la hausse du pouvoir d'achat, il en faudrait soixante-dix. Dans ces conditions, comment revaloriser l'activité comme horizon d'une vie meilleure?

D'autant que la véritable fracture sociale est creusée par les inégalités de patrimoine. Dans un rapport de 2021, le Conseil d'analyse économique (CAE), organisme consultatif du gouvernement, a mis en exergue le fait que la fortune héritée représente 60% du patrimoine des ménages, contre 35% dans les années 1970. Autrement dit, la majorité de ce que les Français possèdent est due au hasard de leur naissance et non à leur mérite individuel. Même ceux pour qui le travail est le plus valorisé (les 1% les mieux rémunérés) ne peuvent plus acquérir, par toute une vie d'activité, le patrimoine moyen des héritiers les plus chanceux (les 1% les mieux dotés).

Enfin, autre grand chantier de remise en question pour la gauche réformiste: la sécurité et l'identité. Son discours ne peut plus prêter le flanc aux accusations d'angélisme ou de laxisme, sous peine d'être inaudible électoralement. Les classes populaires, en effet, sont les premières victimes de la délinquance, particulièrement dans les quartiers en tension où règne le trafic de drogue. Elles sont aussi les plus sensibles aux fantasmes de la droite radicale sur le « grand remplacement » ou aux raccourcis idéologiques sur la perte de souveraineté. Si la social-écologie veut être aussi une philosophie de la liberté, il s'agit bien d'insister sur la liberté réelle, non seulement celle qui est garantie par les droits de l'homme et du citoyen, mais aussi celle, très concrète, qui confère à chacun la capacité de mener sa vie. Quant à la République et à sa devise « Liberté, Égalité, Fraternité », élément clé de la doxa progressiste sur le sentiment national, elles dressent un rempart indispensable mais insuffisant à dissiper les craintes devant la montée des périls géopolitiques. Et puis « faire nation », ce n'est plus seulement s'accorder sur les droits et les devoirs réciproques, c'est aussi s'entendre, désormais, sur ce que l'on considère comme le progrès.

Mesurer le plus ou le mieux ?

« On n'arrête pas le progrès ! » L'adage a la vie dure cinquante ans après que, à la demande du Club de Rome (groupe de réflexion mêlant scientifiques, économistes, industriels et politiques), quatre jeunes scientifiques du Massachusetts Institute of Technology (MIT) ont rédigé un rapport intitulé « The Limits to Growth » (« Les Limites à la croissance »). Celui-ci, plus connu sous le nom de « rapport Meadows[65] », a établi pour la première fois les conséquences dramatiques, sur le plan écologique, d'une croissance physique exponentielle dans un monde fini. La conclusion en était catégorique : ce modèle de développement ne pourra continuer indéfiniment sans outrepasser

65. Du nom de deux de ses auteurs, Dennis et Donella Meadows, les deux autres étant Jorgen Randers et William W. Behrens.

les limites de la capacité de charge de la planète, et la poursuite de l'aventure toujours plus loin en territoire non durable conduira mécaniquement à un effondrement.

L'alerte Meadows a notamment alimenté les discussions de la première Conférence des Nations unies sur l'environnement, en 1972, à Stockholm. Elle a donné lieu par la suite à l'émergence du concept de développement durable, qui cherche à concilier les aspects économiques, sociaux et environnementaux du progrès. Longtemps ignoré du grand public, très critiqué par certains économistes de renom et beaucoup de politiques au pouvoir, le texte fondateur du Club de Rome reste cependant une référence incontournable. Un demi-siècle plus tard, un groupe de scientifiques et d'économistes a repris le flambeau, après avoir constaté que l'humanité avait suivi les scénarios les plus pessimistes du rapport[66]. Il a proposé des changements de cap radicaux pour éviter la catastrophe future et parvenir, en une seule génération, à un état de prospérité partagée sur la Terre. Au centre des réflexions figure l'intenable tension entre toujours plus de croissance et toujours moins de ressources disponibles. Chaque année, le «jour du dépassement», désormais largement popularisé par les médias, ne marque-t-il pas la date (qui ne cesse d'avancer) à laquelle l'humanité a déjà consommé toutes les ressources que la planète peut renouveler en un an?

Pourtant, le mythe de la croissance demeure un récit fondateur dans l'espace politique, dont les candidats à l'exercice du pouvoir ne se privent jamais de

66. Sandrine Dixson-Declève, Owen Gaffney, Jayati Ghosh, Jorgen Randers, Johan Rockström et Per Espen Stoknes, *Terre pour tous. Nouveau rapport au Club de Rome*, Actes Sud, 2023.

convoquer la légende pour vanter leur bilan ou justifier leur programme[67]. Ici comme ailleurs, ce mythe embarque l'opinion dans une sorte de jugement performatif de l'action publique. Ces deux dernières années, la comparaison des taux de croissance entre la France et l'Allemagne, à l'avantage de la première, donnait l'occasion au ministre de l'Économie et des Finances de se décerner un *satisfecit* dans la conduite de la politique économique du pays. Et même Jean-Luc Mélenchon, lors de sa campagne de 2022, et les représentants du Nouveau Front populaire, auditionnés devant un large parterre patronal à la veille des législatives anticipées de 2024, expliquaient le financement de leurs programmes par un mécanisme de relance, et donc de croissance.

Le mythe de la « croissance verte »

De fait, il persiste une puissante croyance selon laquelle le progrès suppose la croissance, considérant que celle-ci pourrait dorénavant être portée par l'innovation technologique pour écarter les sombres avertissements climatiques et garantir l'abondance sans limites. Pour conjurer l'effondrement de la biodiversité et le réchauffement des températures, le salut viendrait de la recherche au service d'un nouveau concept, la « croissance verte ». Laquelle, théorisée il y a une dizaine d'années par les experts de l'OCDE, viserait à flécher les investissements vers une utilisation plus durable des ressources naturelles, des gains d'efficience dans la consommation d'énergie et la valorisation des services écosystémiques, comme l'action des organismes qui entretiennent l'humus ou la séquestration naturelle de carbone dans le bois ou les sols.

67. François Jarrige, *On arrête (parfois) le progrès*, L'Échappée, 2022.

Cette vision, qualifiée par ses détracteurs de « techno-solutionnisme », ne peut cependant ignorer le bilan des progrès technologiques qui ont contribué à aggraver les dérèglements climatiques et écologiques. Le moteur thermique, le plastique jetable ou les pesticides de synthèse, hier perçus comme des facteurs indéniables de bien-être, sont aujourd'hui considérés comme destructeurs des écosystèmes et bientôt destinés à être bannis. Qu'à cela ne tienne : brandissant des innovations telles que les organismes génétiquement modifiés, la téléphonie 5G ou l'intelligence artificielle, les apôtres de la croissance reprennent le récit mythique d'un monde meilleur en devenir – à condition, bien sûr, d'en contrôler les effets. Les voix trop critiques sont rapidement disqualifiées et renvoyées sèchement à l'archaïsme du modèle amish.

Certains économistes et scientifiques soulignent toutefois que davantage de technologie implique plus de matières premières et d'énergie, avec un impact grandissant sur la planète. Ainsi, le développement souhaitable du renouvelable nécessite des ressources métalliques pour convertir le vent ou le rayonnement solaire en électricité, de même que l'indispensable électrification du parc automobile génère des besoins en métaux rares tels que le lithium ou le cobalt. Bref, le progrès technologique ne peut être une fin en soi et suppose une forme de discernement entre l'utile – comme tout ce qui concerne le médical – et l'accessoire – comme le distributeur connecté de croquettes pour chat avec reconnaissance faciale[68] ! Le même raisonnement s'applique à la voiture, dont l'augmentation continue du poids, à l'origine de la spectaculaire progression des ventes de SUV, et

68. Philippe Bihouix, *L'Âge des low tech. Vers une civilisation techniquement soutenable*, Seuil, 2014.

l'enrichissement technologique tiennent plus à un objectif de marges pour les constructeurs automobiles qu'à un souci d'efficacité dans la mobilité routière.

Cette approche pragmatique ouvre un débat – plus idéologique cette fois – mené par les partisans de la décroissance. Ces derniers réfutent la soutenabilité d'une croissance infinie dans un monde où les ressources ne le sont pas. Depuis longtemps, l'économiste Serge Latouche défend le principe d'un modèle économique frugal comme antidote à celui du capitalisme. Ce dernier se heurterait aujourd'hui à l'oxymore du «développement durable», deux termes en réalité incompatibles: le premier, aboutissant à la dégradation des équilibres économiques, écologiques et sociaux, invaliderait le second[69]. L'objectif serait donc de sortir l'humanité des rapports strictement marchands et de la culture de la production pour construire une société véritablement citoyenne.

Autre voix dissonante, celle de Jean-Baptiste Fressoz, qui, dans un ouvrage remarqué, démonte les illusions de ce que l'on nomme la transition énergétique[70]. Parce que, à l'échelle de l'histoire contemporaine, les nouvelles sources ne se sont jamais vraiment substituées aux autres, cette formule magique aboutirait à occulter le vrai débat sur le niveau de la production et de la répartition.

Le débat sur la décroissance

Chercheur en économie écologique à l'université de Lund, en Suède, Timothée Parrique est une nouvelle figure médiatique de la décroissance[71]. Pour lui, la réduction de

69. Serge Latouche, *La Décroissance*, PUF, « Que sais-je ? », 2022.
70. Jean-Baptiste Fressoz, *Une nouvelle histoire de l'énergie*, Seuil, 2024.
71. Timothée Parrique, *Ralentir ou périr. L'économie de la décroissance*, Seuil, 2022 [2019].

la production et de la consommation, pour alléger l'empreinte écologique, doit être planifiée démocratiquement dans un esprit de justice sociale et de bien-être. Ce dernier impératif la différencie de la récession : le repli d'activité est le fruit d'un bouquet de politiques choisies, et non d'un événement chaotique subi. Parmi les solutions proposées pour y parvenir figurent des interdictions pures et simples (comme celle de la publicité), des politiques de quotas (l'usage de l'avion, par exemple) ou encore l'extension de la gratuité des services publics à de nouveaux secteurs (le numérique, la téléphonie ou l'eau). L'idée est que la limitation de la consommation soit rendue acceptable par la garantie d'accès aux biens de base, en plus de l'augmentation du temps libre et du renforcement des services.

Cette logique de rationnement est évidemment inaudible pour les politiques. Leur culture est de satisfaire des demandes multiples et contradictoires, dont le centre de gravité reste, du côté des ménages, le pouvoir d'achat monétaire comme juge de paix du bien-être et, du côté des entreprises, la croissance comme condition de la rentabilité financière. Récupération concédée aux lanceurs d'alerte climatique, le thème de la sobriété s'invite timidement dans le débat démocratique. On doit notamment son surgissement à la crise énergétique et aux menaces pesant sur la fourniture de ressources, à la suite de l'agression russe en Ukraine et des sanctions et contre-sanctions qui ont suivi. Son usage reste prudent, convoquant davantage les réflexes domestiques que les stratégies entrepreneuriales.

Cette notion, politiquement plus correcte que celle de décroissance, a fait l'objet de nombreux travaux depuis une quinzaine d'années. Jean-Baptiste de Foucauld, ancien commissaire au Plan, en avait esquissé les contours[72]. Opposant le «toujours plus» au «toujours moins», il proposait un nouveau pacte civique articulé autour de trois mots d'ordre: sobriété, justice et créativité. Dans la même veine, Bruno Villalba, professeur de science politique à l'école AgroParisTeh, suggère que la frugalité ne consiste pas seulement en une éthique personnelle, mais doit se concrétiser dans un programme politique qui suppose de repenser les critères de bien-être dans nos sociétés[73]. Dans ces conditions, la liberté doit s'adapter aux limites planétaires. Elle n'est plus une absence de contraintes, comme dans le libéralisme classique, mais une adhésion collective à une règle dans laquelle sont prises en compte les conséquences de chaque action publique ou individuelle sur l'ensemble des vivants.

«Less is more»? La formule attribuée à l'architecte autrichien Mies van der Rohe pour défendre une conception minimaliste de la construction et du design pourrait s'appliquer, selon certains spécialistes de l'économie industrielle, à la production[74]. Les gains technologiques remarquables pour verdir et circulariser l'offre de biens et de services manufacturés ne sauraient enrayer l'effet rebond de la demande, limitant singulièrement les gains obtenus. La sobriété devrait donc constituer le manuel de base pour la conception des produits mis sur le marché. Une logique d'offre contribuerait, à service équivalent, à modérer utilement la consommation. Un exemple est souvent mis en avant: la mutualisation de petits véhicules électriques dans

72. Jean-Baptiste de Foucauld, *L'Abondance frugale. Pour une nouvelle solidarité*, Odile Jacob, 2010.
73. Bruno Villalba, *Politiques de sobriété*, Le Pommier, 2023.
74. Pierre Veltz, *Bifurcations. Réinventer la société industrielle par l'écologie ?*, L'Aube, 2022.

la France dite périphérique, là où le transport collectif ne permet pas d'assurer la mobilité quotidienne.

Un découplage illusoire entre émissions de CO_2 et développement économique

Plus généralement, deux raisonnements s'affrontent quant à l'engagement d'une trajectoire vertueuse destinée à limiter le réchauffement climatique. Les économistes vantent l'effet du « signal prix », qui orienterait la consommation et les comportements vers moins de carbone. Il serait ainsi possible de concilier la poursuite d'une croissance verte avec la réduction des émissions de gaz à effet de serre. Le prix Nobel d'économie[75] de 2018, William Nordhaus, a ainsi conçu un modèle économétrique à l'horizon de la fin du siècle. Mais ses travaux ont suscité de vives controverses sur la cohérence et la viabilité des hypothèses avancées. Sans même parler de la mobilisation des bonnets rouges et des gilets jaunes, consécutive à des projets d'augmentation des taxes sur l'essence, le « signal prix » est jugé largement insuffisant par les scientifiques pour que l'on puisse espérer conjurer la gravité du dérèglement.

Ceux-ci argumentent autrement, en se fondant sur les quantités physiques, c'est-à-dire les ressources historiquement limitées de la planète pour assurer éternellement le carburant d'une croissance illimitée. À la nuisance absolue des énergies fossiles, en termes climatiques, s'ajouterait leur coût d'extraction de plus en plus astronomique. Sans utiliser le mot tabou de décroissance, ils soulignent toutefois qu'agir sur la quantité consommée est plus efficace qu'orienter

75. Le Prix de la banque de Suède en sciences économiques en mémoire d'Alfred Nobel est communément surnommé « prix Nobel d'économie ». Nous employons cette expression par commodité.

l'achat par les prix. Et ajoutent volontiers qu'à l'heure d'une réflexion partagée sur l'urgence d'une transition socialement juste, se contenter d'un renchérissement des produits carbonés serait digérable par les catégories les plus aisées, sans effet immédiat sur leur consommation et leurs émissions de CO_2, mais pénalisante pour les plus modestes, qui contribuent pourtant le moins à la dégradation climatique.

Dans cette optique, la corrélation entre émissions de CO_2 et production de richesses étant indiscutable, la chute des unes est conditionnée à la limitation de l'autre. C'est la thèse centrale, notamment, de Jean-Marc Jancovici, qui dirige le think tank The Shift Project et qui a développé son argumentation dans une bande dessinée pédagogique à grand succès[76]. Pour les rebelles à cette approche, en revanche, il n'y aurait pas de lien fatal entre le développement de l'économie et la dégradation de la planète. C'est la fameuse notion de « découplage », qui postule que l'innovation et les technologies de décarbonation rendront possible une croissance vertueuse. Entre les deux affirmations, toutes les nuances existent, y compris dans les plus récents rapports du Groupe d'experts intergouvernemental sur l'évolution du climat (Giec). Pour démêler la discussion, des spécialistes de plus en plus nombreux jugent nécessaire de revenir au point de départ du chiffrage de la croissance et donc de s'interroger sur la nature de son indicateur, le produit intérieur brut (PIB).

Les limites du PIB comme référentiel de richesse

Conçu il y a environ un siècle, ce référentiel est une construction comptable qui mesure la richesse d'un pays

---

76. Christophe Blain et Jean-Marc Jancovici, *Le Monde sans fin. Miracle énergétique et dérive climatique*, Dargaud 2021.

en additionnant la production de biens et de services par les agents économiques sur son territoire, quelle que soit leur nationalité. Il présente l'immense intérêt de comparer les données à l'échelle internationale et est devenu, au fil du temps, la base de toute analyse macroéconomique. Mais sa principale faiblesse réside dans le fait qu'il ne prend pas en compte les effets destructeurs de l'activité sur les ressources de la planète : la déforestation en Amazonie ou les dépenses liées aux accidents de la route sont même valorisées de manière positive, puisque créatrices d'activités. À l'inverse, le PIB ne comptabilise pas les activités non marchandes comme l'art, le bénévolat ou le travail domestique. En d'autres termes, il reste aveugle aux enjeux environnementaux et sociaux de notre époque.

La mise en cause de la pertinence du PIB à évaluer la véritable création de richesses est devenue une antienne du débat économique. En 2008, Nicolas Sarkozy, alors président de la République, avait demandé à une commission présidée par l'économiste américain Joseph Stiglitz, prix Nobel d'économie, de se pencher sur le sujet. L'objectif était d'identifier les limites du PIB comme baromètre de la performance économique et sociale globale. Il en était sorti un rapport[77] et puis... plus rien. Ou, plus exactement, des avancées à pas de tortue. Une piste à l'étude serait de comptabiliser la valeur des tonnes de CO_2 engendrées par l'activité productive et de la retrancher de la richesse produite.

Dominique Méda, directrice de l'Institut de recherche interdisciplinaire en sciences sociales (Irisso), milite de longue date pour un remplacement du seul PIB comme

77. Joseph Sitglitz, Amartya Sen et Jean Paul Fitoussi, *Richesse des nations et bien-être des individus*, Odile Jacob, 2009.

marqueur du progrès. Sceptique sur l'idée même de croissance comme condition de l'émancipation[78], elle propose d'enserrer les chiffres de la production dans les limites sociales et environnementales et de s'adosser à deux indicateurs clés : l'indice de santé sociale et l'empreinte carbone. Elle soutient les travaux conduits au niveau international, sous l'égide de l'ONU, pour élargir le cadre des comptes nationaux afin de mieux prendre en compte les questions de bien-être et de soutenabilité. Le « World Happiness Report », par exemple, mesure le bonheur de la population à partir de six variables : revenu, liberté, confiance dans le gouvernement, espérance de vie en bonne santé, soutien social et générosité. De la même façon, l'indice de développement humain du Programme des Nations unies pour le développement (Pnud) évalue la santé, l'éducation et le niveau de vie d'une nation.

D'autres pistes existent pour sortir d'une comptabilité schizophrénique de la croissance. L'économiste Daniel Cohen était ainsi un partisan résolu des indicateurs de bien-être, mesurant par exemple les effets du télétravail, de la démographie médicale ou de la présence de services publics, dont l'approche a été formalisée par l'Observatoire du bien-être. Éloi Laurent affirme quant à lui que raisonner en termes de PIB et de croissance n'est plus la solution mais le problème. La révolution numérique des données, qui n'ont jamais été aussi nombreuses et accessibles, devrait inciter les politiques à réfléchir autrement pour affronter la double crise des inégalités et de l'épuisement de la planète. La gauche progressiste n'a pas toujours montré beaucoup d'appétence pour une telle réflexion. C'est l'un de

78. Dominique Méda et Florence Jany-Catrice, *Faut-il attendre la croissance ?*, La Documentation française, 2022 [2016].

ses angles morts. Comme sa forme de pusillanimité sur la question démocratique.

La démocratie à tous les étages

La dissolution décidée par Emmanuel Macron au soir du 9 juin 2024 a eu au moins un mérite : celui de remobiliser les électeurs pour un scrutin législatif. Depuis la fameuse inversion du calendrier électoral afin d'éviter – selon ses promoteurs en 2002 – les risques de cohabitation, celui-ci consistait en une ratification du scrutin présidentiel, à quelques semaines d'intervalle. La mobilisation n'était plus vraiment au rendez-vous quand le choix essentiel avait déjà été fait. Tout au plus pouvait-elle tempérer la confirmation, comme ce fut le cas en 2022. Cette fois, les 30 juin et 7 juillet 2024, les Français ont pu choisir dans un contexte de découplage entre législatives et présidentielle. Ils se sont rendus aux urnes bien plus nombreux qu'en 2022, quand le taux de participation n'avait pas atteint 50 %.

Ce rebond – et le grand chamboulement qu'il a produit – ne doit pas faire oublier l'anomalie française par rapport aux autres grandes démocraties européennes. Les institutions de la Vᵉ République, conçues pour la stature du général de Gaulle, sont devenues, au fil du temps, une forme de monarchie républicaine, conférant au chef de l'État des prérogatives considérables. Elles reposent sur l'élection du président de la République au suffrage universel, sujet tabou pour la gauche, qui, après avoir refusé d'y souscrire lors du référendum de 1962, s'y est finalement ralliée de raison. Depuis lors, l'idée de remettre en cause cette procédure a été prudemment abandonnée. Même les plus fervents partisans de la VIᵉ République, destinée à rééquilibrer les pouvoirs au profit du Parlement, se gardent bien de proposer un retour en arrière qui serait vécu par l'opinion comme un dessaisissement démocratique.

L'élection reine, la présidentielle, reste donc en France le pivot de l'accession au pouvoir. Le tsunami du 7 juillet 2024 a provoqué un ébranlement institutionnel majeur, mais il n'a pas gommé le rôle central du prochain scrutin, prévu en 2027 – et potentiellement plus tôt si Emmanuel Macron venait à démissionner –, qui sera finalement le véritable juge de paix. En fin de compte, la clarification voulue par le président de la République n'en sera définitivement une qu'à l'aune du résultat de la compétition qui domine l'architecture électorale en France. Le Rassemblement national s'y prépare activement, sa forte poussée lors des législatives devant servir de tremplin à Marine Le Pen. Sur la ligne de départ, il faut déjà compter avec de multiples candidatures potentielles.

Pour reprendre l'expression de Daniel Cohn-Bendit, il faut dire que la présidentielle « rend fou ». Parce que les institutions offrent à son vainqueur la perspective d'un exercice du pouvoir sans partage, à condition d'engranger dans la foulée une majorité parlementaire, elle aiguise les ambitions, personnalise à outrance le débat et transforme l'élection en une course de petits chevaux arbitrée par les sondages. Le verdict des intentions de vote vaut toujours mieux que le niveau de la levée de fonds qui, aux États-Unis par exemple, départage les prétendants au fil des primaires. Il n'en reste pas moins que remettre le destin du pays, tous les cinq ans, entre les mains d'une seule personnalité est une forme d'étrangeté démocratique.

La concentration des énergies politiques vers la candidature à cette élection a d'ailleurs déstructuré les partis politiques, qui se sont transformés progressivement en assemblages d'écuries concurrentes. Elle a également encouragé les aventures solitaires appuyées sur des mouvements entièrement tournés vers la personnalité présidentiable. La France insoumise, Renaissance et le Rassemblement national sont aujourd'hui les trois piliers d'un système politique qui ne fonctionne que dans la perspective du prochain scrutin. Dans un souci de dépasser les querelles de personnes inhérentes à toute structure collective, les grands partis autrefois de gouvernement, le Parti socialiste et Les Républicains, notamment, imaginèrent de mobiliser leurs électeurs pour désigner leurs champions. Le système des primaires, cependant, s'est vite heurté au rétrécissement électoral – synonyme de défiance – et à la polarisation politique – synonyme de radicalité. À gauche, le vote organisé pour faire suite au renoncement de François Hollande, en 2017, n'a réuni qu'1,6 million d'électeurs (contre 2,6 millions en 2011) et a consacré la victoire du frondeur Benoît Hamon, avec le succès que l'on sait.

La culture du compromis

La particularité française est à rapprocher du mécanisme qui régit les grandes démocraties européennes comparables. Celles-ci ne sont pas nécessairement exemplaires mais fonctionnent sur des modes de représentation moins personnalisés et plus consensuels. En Allemagne, le scrutin législatif à un tour désigne le parti vainqueur, qui a la charge, ensuite, de former une coalition de gouvernement majoritaire au Bundestag. En Italie, la loi électorale (à un seul tour également) favorise la constitution d'alliances qui se partagent ensuite les rênes du pouvoir. En Espagne, le système de la proportionnelle (à un tour encore) offre néanmoins une prime aux deux grands partis de droite et de gauche, de sorte à assurer une majorité, parfois au prix de ralliements controversés. Au Royaume-Uni, enfin, le vote uninominal majoritaire (sur un seul tour, toujours) débouche sur une majorité confortable pour l'une des deux grandes formations en lice. Aucun de ces dispositifs ne prémunit contre les dissensions politiques et les crises qui s'ensuivent. Mais la légitimité du pouvoir émane d'une alchimie qui pousse au rassemblement des concurrents. Chez la plupart de nos voisins européens, ce sont des blocs pluriels qui dirigent le pays.

En Allemagne, par exemple, la culture du compromis est un acquis. Au terme du scrutin, des consultations s'organisent entre partis souhaitant gouverner ensemble. Si celui arrivé en tête hérite du poste de chancelier, il négocie durant plusieurs mois un contrat de coalition qui constitue une feuille de route précise pour la législature. Le temps peut paraître long, mais il garantit une assise solide pour le nouveau pouvoir. Plus fondamentalement, cet esprit de synthèse entraîne des répercussions sur la nature même des campagnes électorales. Les adversaires ne sont pas des ennemis parce qu'ils savent qu'au moment des résultats viendra le temps d'un accord. L'affirmation de son programme n'est jamais une fin en soi puisque le projet gouvernemental résulte toujours de concessions réciproques. On est loin du contexte français.

Celui-ci, marqué par le goût de la radicalité et l'aversion pour le compromis, n'est pas très ouvert au pluralisme politique. Trop souvent, le dogmatisme des idées prend le pas sur le pragmatisme de l'action, comme l'illustre la trop grande faiblesse de la négociation sociale. Au fil de l'histoire, la compétition présidentielle a conduit à l'accession au pouvoir de personnalités hors norme, dont Emmanuel Macron, élu dans une Ve République à bout de souffle, est le plus récent symbole[79]. Mais ce culte de l'homme providentiel a son revers, qui est de le placer en position d'excès de pouvoir et de déchaîner, par voie de conséquence, des critiques de tous bords. L'animosité actuelle de l'opinion contre le Président, semblable à celle qui était dirigée vers ses deux prédécesseurs, peut être considérée par certains comme injuste, mais elle est issue d'une tradition qui vient de loin.

Dans le récit français, l'opposition entre la rue et les urnes, entre le pays réel et le pays légal, est malheureusement un refrain permanent. La crise des gilets jaunes comme la mobilisation contre la réforme des retraites en ont été l'illustration. Cette dernière a provoqué, comme toujours, la vindicte du pouvoir en place, qui a remis en cause la légitimité des manifestations (avec leurs débordements parfois violents) en regard de celle incarnée par le vote démocratique. Mais la présidence jupitérienne, enfermée dans sa toute-puissance, a sous-estimé le sentiment d'injustice comme facteur de radicalisation de la société[80]. Et ignoré que le dépassement de la conflictualité sociale par la négociation n'est pas un supplément d'âme. Pour corriger les effets d'un système économique privilégiant trop souvent la logique financière sur la considération humaine, le dialogue est au contraire un pilier de la recherche du consensus.

Au plus fort de la mobilisation contre la réforme des retraites, en avril 2023, Laurent Berger, encore secrétaire

79. Jean Guarrigues, *La Tentation du sauveur. Histoire d'une passion française*, Payot, 2022.
80. Alain Supiot, *La Justice au travail. Quelques leçons de l'histoire*, Seuil, 2022.

national de la CDFT, a enfoncé le clou en évoquant une crise démocratique et en considérant comme problématique l'idée que la démocratie s'arrête aux élections. Cette sortie lui a valu une verte réponse du pouvoir, balayant l'argumentation au nom de l'onction électorale du Président. Il n'empêche que l'alliance promue par le leader syndicaliste avec soixante-quatre organisations syndicales et associatives autour de la notion de pouvoir de vivre s'est donné pour but de renforcer les corps intermédiaires et la participation citoyenne. L'ambition est bien de faire vivre une démocratie permanente du quotidien pour forcer la conciliation plutôt que le désaccord.

Il est d'ailleurs un sujet sur lequel les nécessaires compromis ne souffrent pas de discussion. Vu la radicalité des trajectoires décidées lors de l'accord de Paris en 2015 pour limiter, d'ici à 2030, le réchauffement climatique, il serait illusoire de s'en remettre uniquement au déploiement de nouvelles technologies, dont le calendrier reste incertain. Il est en revanche indispensable de s'appuyer sur l'engagement des citoyens, dont les comportements peuvent avoir des effets massifs en quelques années. Parce que le bouleversement qui vient, planifié ou subi, est autant affaire de sursaut comportemental que de saut technologique, le logiciel démocratique est appelé à se transformer. Ce ne sont pas les seuls scrutins qui permettront de décréter la mobilisation générale, mais l'imagination et la mise en place de nouveaux cadres de délibération.

Les nouvelles pratiques de démocratie délibérative

D'un certain point de vue, la crise climatique et écologique ouvre une chance inédite à la démocratie de se réinventer et de s'approfondir, en mettant à profit les inéluctables ruptures et les expérimentations qui pointent. Pour embarquer la société dans la transformation économique et sociale du siècle, un projet social-écologiste doit intégrer des logiques de tâtonnements – et donc de débats – au carrefour de la science du vivant et de la plasticité de la société. L'expertise et le réel, les convictions et les empêchements devront être considérés dans leur interdépendance si l'on ne veut pas s'en remettre à une écologie autoritaire. C'est la condition d'une transition fondée sur l'engagement – et non la contrainte.

La démocratie délibérative est un précieux outil en ce sens. À l'approche qui réduit l'expression de la volonté publique au décompte des votes s'oppose la théorie de la valeur de la formation des volontés citoyennes[81]. Celle-ci a inspiré quantité d'expériences et de pratiques nouvelles, comme les jurys, panels ou assemblées réunissant des citoyens mandatés pour s'informer d'abord auprès d'expertises contradictoires et délibérer ensuite dans une volonté de large consensus. La condition de réussite de ces protocoles réside dans la possibilité d'influencer la décision politique. C'est évidemment plus facile au niveau local qu'à l'échelle nationale. D'autant que les propositions qui émanent des délibérations peuvent avoir des conséquences sur les budgets publics et supposent donc d'en avoir bien mesuré les effets en termes de dépenses ou de recettes.

Ce fut d'ailleurs l'une des limites de la Convention citoyenne pour le climat (CCC), dont l'expérience, quoique positive, a laissé un goût d'inachevé, notamment sur le sujet explosif de la taxation du carbone – autrement dit l'essence pour l'opinion. Mais le processus a démontré qu'un panel

81. Loïc Blondiaux et Bernard Manin (dir.), *Le Tournant délibératif de la démocratie*, Les Presses de Sciences Po, 2021.

représentatif de la société française pouvait s'emparer d'un sujet touffu et dégager des propositions opérationnelles. Celles-ci avaient le mérite de prendre en compte les préoccupations de vie quotidienne et de justice sociale en recherchant leurs conditions d'acceptabilité, qui n'étaient pas vraiment pensées jusque-là. La promesse du président de la République de reprendre «sans filtre» les conclusions de la CCC s'est finalement avérée être un leurre, dommageable non seulement à la qualité des travaux mais, plus fondamentalement, à la reconnaissance d'une voie nouvelle pour aborder la question de la transition.

La montagne a-t-elle accouché d'une souris? La loi climat et résilience, adoptée un an plus tard, a révélé que quelques mesures retenues par le législateur ouvraient à leur tour de nouveaux débats. Et appelaient, là encore, un dialogue avec les parties concernées. Car les forces de résistance n'ont pas tardé à se manifester, que ce soit sur les zones à faibles émissions (ZFE) dans les villes, considérées par certains comme une atteinte à la mobilité; le «zéro artificialisation nette des sols» (ZAN), parfois présenté comme une mesure ruralicide; ou la rénovation thermique imposée aux propriétaires bailleurs, estimée contraire au développement nécessaire de l'offre locative. Autant dire que la longue marche de la transition est semée d'obstacles. Mais, plutôt que de honteux renoncements ou de discrets décalages dans le temps, elle nécessite l'organisation systématique de la concertation citoyenne.

La démocratie «radicale» a été théorisée par le philosophe allemand Jürgen Habermas[82]. La formule ne renvoie pas à la traditionnelle critique marxiste de son aspect «formel» dans la société capitaliste mais vise, au contraire,

82. Jürgen Habermas, *L'Avenir de la démocratie*, Bouquins, 2023.

les conditions modernes de son approfondissement pour la rendre plus « réelle ». Il s'agit d'organiser les délibérations et les pratiques communicationnelles, c'est-à-dire non hiérarchiques, précédant les processus parlementaires. La Convention citoyenne sur la fin de vie, close en avril 2024, a démontré que, sur un sujet hautement sensible, et quel que puisse être sa traduction législative finale, les participants s'étaient progressivement forgé une conviction, dans le débat avec les experts médicaux, philosophiques, juridiques ou religieux, au point de délivrer des recommandations majoritaires tout en soulignant les points de vue minoritaires.

Sortir de la confrontation systématique

Les forces qui se réclament de la social-écologie devraient consacrer une part importante de leur réflexion à ces nouvelles pratiques démocratiques. En situation d'opposition, leur ligne de conduite gagnerait à sortir de la confrontation systématique, même justifiée par les procrastinations ou les renoncements, pour s'atteler à une négociation permanente avec le pouvoir en place. Il est en effet contradictoire de prétendre que la préservation du climat est une urgence absolue pour l'humanité et de cultiver le désaccord ou l'affrontement avec pour seule perspective de s'en remettre aux prochains scrutins. Le résultat paradoxal actuel est que l'expression politique de l'écologie est marginalisée aux frontières du débat public et que le meilleur opposant constructif semble être l'ingénieur-entrepreneur Jean-Marc Jancovici, qui ferraille au quotidien avec le Secrétariat général à la planification écologique, rattaché à Matignon et mandaté pour définir les scénarios de décarbonation à l'horizon 2030.

En situation de pouvoir, un projet social-écologiste ne devrait pas se limiter à une réforme constitutionnelle, aussi impérative soit-elle pour rééquilibrer les pouvoirs entre la présidence de la République et le Parlement. Au-delà, entre la verticalité du pouvoir politique et l'horizontalité de la souveraineté populaire – traditions françaises explosives –, des solutions existent pour combiner la légitimité institutionnelle et la légitimité populaire. Un préalable essentiel est d'accepter deux règles implicites mais fondamentales qui gouvernent la démocratie. La première est la tolérance, qui consiste à considérer ses adversaires comme des rivaux légitimes et non comme des ennemis. La seconde est la retenue institutionnelle, qui enjoint de ne pas user des outils légaux mais contraires à l'esprit démocratique, comme le passage en force pour le gouvernement ou l'obstruction parlementaire pour l'opposition.

Car de la violence symbolique ou tonitruante peut résulter, sans tanks ni coups d'État, la mort lente des démocraties. Dans un ouvrage remarqué, Steven Levitsky et Daniel Ziblatt, professeurs de science politique à l'université de Harvard, expliquent comment des gouvernements autoritaires s'installent désormais au pouvoir à la faveur d'élections régulières[83]. Commence alors un processus discret de démantèlement des institutions démocratiques qui remet en cause l'indépendance de la justice, limite la liberté de la presse, noyaute les instances arbitrales et redécoupe de manière partisane la carte électorale. Nous sommes désormais au bord du précipice. Nous tomberions dedans si, demain, Marine Le Pen était élue présidente. Pour le camp progressiste, il ne serait plus temps de

83. Steven Levitsky et Daniel Ziblatt, *La Mort des démocraties*, Calmann-Lévy, 2018.

regretter son impuissance à combattre la défiance à l'origine du cataclysme.

Un langage politique plus proche de la vie

Depuis quinze ans, le Centre de recherches politiques de Sciences Po (Cevipof) produit annuellement un «Baromètre de la confiance politique». Ses résultats illustrent le phénomène de défiance qui s'est installé dans le pays à l'égard des institutions censées fabriquer le débat démocratique. Avec quelques hauts et bas au fil des ans, deux tiers des électeurs expriment leur incrédulité à l'égard de l'Assemblée nationale. Plus significatif encore, environ 85% manifestent leur prévention envers les partis politiques[84]. Les études européennes montrent d'ailleurs que cette méfiance est nettement plus forte en France que dans les autres pays. La proportion des défiants absolus (ceux qui n'ont «pas du tout confiance» dans les partis) frôle la majorité de l'électorat, plus forte seulement en Roumanie, Bosnie, Croatie et Albanie! À l'inverse, en Allemagne, aux Pays-Bas et dans les pays nordiques, ce chiffre reste très minoritaire.

Pourquoi tant de défiance? D'abord, selon les experts en science politique, l'action des gouvernements successifs peut être perçue comme bénéfique ou, au contraire, défavorable aux intérêts des citoyens. L'incrédulité s'accentue avec le sentiment d'un manque à gagner. Ainsi, en octobre 2023, 79% des Français se déclaraient perdants de la politique conduite par Emmanuel Macron depuis son arrivée à l'Élysée[85]. Ensuite, les convictions morales

84. «Baromètre de la confiance politique», Cevipof, février 2023.
85. «Le regard des Français sur les bénéficiaires de la politique menée par Emmanuel Macron», Ifop, octobre 2023.

peuvent être soit renforcées, soit, à l'inverse, contredites et menacées par le mode d'exercice du pouvoir des gouvernants. À cette aune, la méfiance résulte d'un écart entre le cadre normatif de l'individu et sa perception subjective de l'univers politique. Dans les deux cas, il y a décrochage entre les mandants et leurs représentants.

Les économistes Yann Algan et Pierre Cahuc, qui ont travaillé sur ce sujet, ont constaté que, dans l'Hexagone, on se méfie plus qu'ailleurs de ses concitoyens, des pouvoirs publics et du marché[86]. Or la défiance et l'incivisme, loin d'être des traits culturels immuables, seraient alimentés, selon eux, par le corporatisme et l'étatisme du modèle social français, qui entraveraient les capacités de coopération et de compromis des partenaires sociaux. Un cercle vicieux conduirait l'État, en retour, à tout réglementer et à vider de son contenu le dialogue entre parties prenantes. Quand on compare les relations entre les performances économiques et les attitudes sociales dans une trentaine de pays du début des années 1950 à nos jours, il apparaît que cette impasse pèse significativement sur l'emploi, la croissance et, surtout, l'aptitude des Français au bonheur. Les auteurs concluent à une spécificité bien française.

Les politistes ne cessent de mesurer l'extension et l'intensité de cette défiance. La dernière décennie d'enquêtes et de baromètres d'opinion montre que la perte de reconnaissance sociale en est un facteur clé d'explication. Quelle que soit leur place dans la société, les Français, bien plus que leurs voisins européens, ressentent amèrement le fossé qui s'est creusé entre l'idéal d'équité porté par la République et le peu de valeur que l'État, à travers ses institutions et

86. Yann Algan et Pierre Cahuc, *La Société de défiance. Comment le modèle social français s'autodétruit*, Cepremap, 2007.

ses actions, accorde à leur mérite individuel. Un nouveau rapport au politique se fait jour, où la tentation autoritaire devient forte ; où la quête de l'efficacité personnelle et catégorielle l'emporte sur le dessein collectif ; où domine l'idée que le système politique est perverti et mensonger, qu'il n'a rien de bon à offrir.

Le discrédit de la parole publique

Quand s'effondre la confiance, « institution invisible » qui fait tenir ensemble les sociétés, pour reprendre les mots du prix Nobel d'économie Kenneth Arrow, la crise démocratique couve. Car la croyance dans le bien-fondé du système de représentation et dans sa mise en scène par le vote est le pilier de la reconnaissance du pouvoir. La défiance en France s'est accrue depuis une trentaine d'années et a touché tous les présidents ou gouvernements, quelle que soit leur couleur politique. Elle révèle un décalage grandissant entre ce que les citoyens espèrent des politiques publiques et ce qu'ils perçoivent comme de l'inaction ou de l'inefficacité. Le ressenti est conforté par le feuilleton médiatique et judiciaire concernant les affaires impliquant des élus de la République.

Pourtant, l'arsenal juridique encadrant l'exercice de responsabilités publiques s'est considérablement renforcé depuis trente ans. Au début des années 1990, sous le gouvernement de Michel Rocard, un système extrêmement contraignant sur le financement des campagnes électorales et des partis politiques a été mis en place. Il a mis fin aux décennies sulfureuses des valises de billets qui circulaient entre détenteurs du pouvoir de l'argent et aspirants à une fonction élective. Plus récemment, les lois sur la moralisation de la vie politique, sous le quinquennat de François

Hollande notamment, ont rendu plus transparent le patrimoine des élus et, surtout, plus difficile la confusion des intérêts entre l'exercice d'un mandat et des activités professionnelles annexes. Ces avancées n'ont toutefois guère modifié la donne. Le manque de confiance se concentre sur un jugement plus grave : la perte de crédibilité des politiques.

Dans un ouvrage consacré au discrédit de la parole politique[87], Christian Salmon souligne combien l'inflation de *storytelling* – l'art de raconter une histoire au service d'une action ou d'une décision – a fini par éroder la confiance dans le discours des dirigeants. Dans le brouhaha général des plateaux de chaînes d'information ou des réseaux sociaux, la conquête de l'attention passe désormais par l'affrontement. Plutôt qu'une explication porteuse de tension narrative, qu'une discussion nourrie d'arguments desquels on peut discuter, le représentant serait réduit à privilégier l'invective génératrice de réactions multiples. Dans cette logique de clash permanent, profitable à l'audience des médias audiovisuels et au modèle économique des plateformes, l'indifférenciation entre la vérité et le mensonge alimenterait *ad nauseam* le débat public.

La focalisation de plus en plus importante sur le jeu des acteurs plutôt que sur les enjeux de société conduit sans conteste à une individualisation de la politique. Conçus comme un concours de performances verbales en réaction à l'actualité, les plateaux télévisés participent à ce match, en dépit même de leur volonté de respecter les règles journalistiques. Leurs castings répondent le plus souvent à des critères de spectacle, avec une prime aux « bons clients ». Comme dans l'univers économique concurrentiel, où les marques se distinguent d'abord par des signes censés

87. Christian Salmon, *L'Ère du clash*, Fayard, 2019.

attirer l'attention des consommateurs et où les distributeurs ont pour fonction d'animer cette compétition commerciale dans leurs rayons, la marchandisation du débat démocratique est en marche.

Concours présidentiel d'anecdotes et validation d'un dispositif éditorial populiste

Les manifestations les plus spectaculaires d'une focalisation sur les personnages plutôt que sur les idées ne datent pas d'hier. Dans son ouvrage sur la parole présidentielle, Jo Daniel relate l'évolution de la communication des présidents de la République, qui se sont adaptés à la domination de la télévision puis d'internet[88]. Plus généralement, le monde politique a investi et continue d'investir les émissions d'*infotainment*, où le sujet est principalement de scruter un caractère, un corps, une aptitude à répondre à des questions parfois provocatrices ou intimes. Les participants invoquent toujours, comme antidote à la défiance, le souci d'humaniser leur métier et de parler à un public qui n'est pas spontanément porté sur leurs convictions.

L'exemple fortement médiatisé de la conversation entre Emmanuel Macron et les influenceurs McFly et Carlito, en 2021, en est une démonstration. Le Président avait choisi de s'adresser à une communauté de jeunes pas forcément intéressés par la politique ni d'accord avec lui. Il a donc accepté de s'inscrire dans un cadre qui, en l'occurrence, était celui du «concours d'anecdotes». Si l'opération a été un succès d'audience – 8,6 millions de vues en 24 heures –, elle n'était pas sans danger. Le chef de l'État a pris le risque de se voir reprocher un manque de sérieux et de contribuer

88. Jo Daniel, *La Parole présidentielle. De la geste gaullienne à la frénésie médiatique*, Seuil, 2014.

à la banalisation de sa fonction ainsi qu'à la réduction de son propos. Au nom d'une forme de popularité sur les réseaux sociaux, il n'est pas sûr que la prestation ait contribué à la revalorisation de la parole politique.

C'est toute l'ambiguïté et la perversité de l'usage des médias de masse – audiovisuels ou internet – pour tenter de recoller à l'opinion. Dans la course à l'électorat populaire, aux « vraies gens » et aux déserteurs des urnes, les politiques de tous bords n'hésitent plus à accepter les codes de la téléréalité, autrement dit des confrontations publiques qui relèvent plus de l'engueulade savamment orchestrée par les animateurs que de la conversation censée éclairer les opinions. La mise en scène ne contribue guère à rehausser leur image. Les invités de Cyril Hanouna, dans son émission phare « Touche pas à mon poste ! », sur C8, croient peut-être retisser le lien avec les Français. Ils contribuent le plus souvent à valider un dispositif éditorial populiste qui creuse délibérément le fossé entre les citoyens et leurs représentants démocratiques. Ils en sont conscients, mais c'est plus fort qu'eux. Ils pensent amadouer des électeurs qui les traitent trop souvent d'incapables, en se prêtant à de bonnes blagues qui n'ont finalement pour fonction que de dévaloriser leur métier[89].

La gauche sociale-écologiste serait bien inspirée d'analyser les effets délétères de ces prestations. Son appétit pour les punchlines ou les tweets, alimentant le marché des reprises dans l'univers médiatique et des réseaux sociaux, est trop souvent partagé avec les autres forces politiques. Elle ne saurait convaincre ainsi une opinion publique décontenancée par la complexité des sujets qui engagent

89. Nathalie Schuck, *Les Naufrageurs. Comment ils ont tué la politique*, Robert Laffont, 2024.

son avenir. Elle ne peut que perdre au change dans une gestion trop quotidienne et calculée d'une actualité qui efface les sujets les uns après les autres. La crédibilité de son projet viendra de sa capacité à reprendre un leadership culturel et économique sur les problématiques de la transition. Ce qui écarte les positionnements opportunistes ou faciles, dont les citoyens, plus matures qu'on ne le croit, ont appris à décoder les ressorts. L'habileté médiatique ne fait pas nécessairement la pertinence démocratique.

L'anémie des partis politiques

La décrédibilisation de la parole politique relève aussi d'une maladie que l'on pourrait nommer la « chiffrageologie », dont la présidence d'Emmanuel Macron propose un concentré presque pur et parfait. Nul événement sans que surgissent presque instantanément les promesses chiffrées d'un plan, d'un chantier ou d'un programme. Nulle annonce qui ne comporte un cadrage économique fait de taux et de ratios qui en justifient le bien-fondé. Nulle décision qui ne soit assortie d'une avalanche de données valant explication. Cette manie n'est pas nouvelle, mais elle fait d'autant plus florès que le pouvoir s'exerce dans le cadre d'une vision technocratique des problèmes à résoudre, la prétendue magie des chiffres devant permettre d'affronter des réalités moins calculables. Or les responsables de la gauche, au pouvoir ou dans l'opposition, toutes tendances confondues, cèdent eux aussi volontiers à ce mal. Le maniement des milliards à investir ou à redistribuer occulte la formulation simple d'objectifs politiques compréhensibles par le plus grand nombre.

La vraie vie des Français ne se résume pas dans des chiffres, comme le souligne l'historien et sociologue Pierre

Rosanvallon[90]. Pour se faire entendre des électeurs, encore faut-il comprendre les raisons de leurs attentes et de leur colère. Leurs comportements ne sont plus déterminés seulement par des intérêts liés à leur position sociale. Ils s'expliquent avant tout par l'expérience vécue des tracas, des injustices, des discriminations, des incertitudes, qui engendrent des émotions et des réactions aussi compréhensibles qu'imprévisibles. Une langue politique progressiste se doit de faire écho à cette demande de respect et de considération.

Réapprendre la politique, c'est aussi imaginer de nouvelles formes d'adhésion à des partis conçus autant comme des creusets de la réflexion démocratique que comme des instances de sélection des élus de la nation. La social-écologie est condamnée à l'assèchement ou à la dérive de sa pensée si son ancrage dans la société continue de ressembler, peu ou prou, à celui de groupuscules bénéficiant, grâce à leurs groupes parlementaires, d'un temps de parole et d'un financement public. Certes, l'époque des grandes organisations de masse, structurant le champ politique avec leurs centaines de milliers d'adhérents, est révolue. Et la méfiance vis-à-vis des institutions partidaires touche l'ensemble des formations qui concourent aux élections. Les plus récentes, à prétention mouvementiste, comme La France insoumise ou Renaissance, n'attirent pas plus le chaland que leurs aînées, avec respectivement 20000 et 30000 militants actifs ou recensés. Les Républicains n'ont mobilisé que 60000 adhérents lors de leur dernier congrès, quand le Rassemblement national en revendique 40000.

90. Pierre Rosanvallon, *Les Épreuves de la vie. Comprendre autrement les Français*, Seuil, 2021.

Cependant, du côté socialiste ou écologiste, la cote d'alerte est dépassée. Le niveau des effectifs a atteint un point historiquement bas si l'on en juge par les derniers congrès en date. À peine plus de 20 000 militants ont voté à celui du Parti socialiste, alors que ce dernier comptait encore 175 000 inscrits dix ans plus tôt. Quant à celui d'Europe Écologie-Les Verts, il n'a mobilisé qu'un peu plus de 5 000 votants pour un corps électoral de 12 000 adhérents. Autant dire que ces organisations rassemblent aujourd'hui avant tout des élus, des collaborateurs, quelques permanents… mais peu de militants. Dépeuplées et parfois divisées, elles ont pour principale activité la désignation des candidats aux élections, laquelle, sous couvert de débat politique, se résume trop souvent à la lutte des places.

Dans ces conditions, le fonctionnement « entre soi » de professionnels de la politique, d'aspirants à l'élection ou de fidèles marginalisés agit comme un repoussoir. Les partis de gauche restent dominés par des intérêts de carrière qui génèrent souvent, en leur sein, haine et ressentiment. Leurs responsables excellent dans les savantes postures et les bons réflexes pour obtenir l'adoubement en vue de l'exercice de mandats. La voie royale peut consister en l'occupation de postes de cabinets auprès d'élus locaux ou, quand la proportionnelle est de rigueur au sein du parti (c'est généralement le cas), en l'appartenance à une tendance ou à un petit parti affilié. La récompense est alors au bout de la fidélité ou de l'habileté. L'utilisation de la scène médiatique est essentielle dans cette course à l'investiture. Être bon dans l'exercice de la relation aux médias et aux réseaux sociaux constitue un sésame pour obtenir reconnaissance et adhésion des mandants.

La logique de médiatisation et de distinction individuelle, au détriment de l'intérêt collectif, rend la régulation des positions inextricable et la démocratie interne inefficiente au sein des partis. Elle conduit tout droit à l'évitement du débat, pour ne pas menacer l'existence même de l'organisation, ou à l'affrontement de personnalités, pour esquiver les discussions de fond. Ainsi, drôle de paradoxe, les sensibilités très opposées de Sandrine Rousseau et de Yannick Jadot n'ont guère alimenté le dernier congrès des écologistes, fin 2022. Leurs motions respectives ont obtenu des scores médiocres. À l'inverse, le congrès socialiste, début 2023, en principe destiné à discuter de manière circonstanciée de l'alliance contractée au sein de la Nupes, s'est résumé finalement à un match entre les partisans et les opposants d'Olivier Faure. La contestation et l'imbroglio sur le vote final ont fait office de motion de synthèse.

Le rabougrissement ne condamne pas pour autant définitivement les formations défendant un projet politique social-écologiste. Réduites à l'état de petites entreprises arc-boutées sur leur marché électoral, celles-ci restent essentielles à une vie démocratique appuyée sur le vote. Mais une réalité est patente. La force de frappe vis-à-vis d'une partie de l'électorat, qui a permis aux écologistes de conquérir nombre de grandes villes aux élections municipales de 2020 et aux socialistes de conserver leurs places fortes aux élections régionales de 2021, est plus centrifuge que centripète. Les nouveaux maires Europe Écologie-Les Verts semblent très en retrait des sujets qui agitent leur parti. Quant aux figures du Parti socialiste gérant régions ou métropoles importantes, elles se retrouvent pour beaucoup dans l'opposition interne à leur formation.

Un réapprentissage de la fonction agrégative des partis semble indispensable[91]. Cette fonction consiste à proposer un débouché politique aux mouvements sociaux qui expriment impatience ou colère face à l'urgence climatique ou aux inégalités sociales. Il s'agit de construire avec eux un projet crédible de transition sociale-écologiste et d'assumer un certain nombre de choix fondamentaux qui consolident une perspective de conquête du pouvoir. Faute de quoi la bataille culturelle, au sens gramscien du terme, risque d'être perdue. Et la distance entre les formations de gauche et les acteurs engagés dans des combats autour de valeurs communes peut conduire à la fois à une incompréhension électorale et à un repli sur la dénonciation radicale du système et sur toutes les formes anciennes ou nouvelles de protestation.

L'effervescence de la société civile

Or la société civile ne manque pas d'initiatives visant à agir – ici et maintenant – pour préparer la transition. Le mouvement Impact France, qui rassemble une grande partie des entreprises issues du secteur de l'économie sociale et solidaire (ESS), milite pour une économie vertueuse, sociale et écologique. Le président de ce groupement, Pascal Demurger, directeur général de la Maif, plaide pour la responsabilité politique de l'entreprise, au-delà de son apport économique[92]. On ne compte plus, par ailleurs, les associations engagées localement dans la formation aux enjeux climatiques, notamment auprès de publics qui ne se définissent pas comme écolos. Les animateurs de la

91. Rémi Lefebvre, *Faut-il désespérer de la gauche ?, op. cit.*
92. Pascal Demurger, *L'entreprise du XXIe siècle sera politique ou ne sera plus*, L'Aube, 2019.

Fresque du climat multiplient les interventions devant des élus et des dirigeants pour faire comprendre l'ampleur et la complexité du dérèglement climatique. Des activistes, comme l'association Notre affaire à tous, usent d'armes spectaculaires ou juridiques pour dénoncer l'attentisme ou l'évitement. D'autres militants, incarnés notamment par le mouvement Pour un réveil écologique[93], cherchent à relier les générations pour faire évoluer les institutions et les acteurs économiques. Enfin, fait nouveau depuis quelques années, les « bifurqueurs » des grandes écoles revendiquent des parcours professionnels alternatifs aux carrières dans les grandes entreprises dont ils soupçonnent qu'elles pratiquent le *green* ou le *social-washing*.

À vrai dire, la social-écologie n'a guère d'avenir si son projet de conquête du pouvoir ignore cette effervescence. Son discours trop souvent résumé à l'alerte scientifique, à la dénonciation politique ou à l'assignation juridique s'avère insuffisant pour capter les énergies tournées vers les solutions. Il doit abandonner le registre du renoncement ou de la restriction, qui apporte de l'eau au moulin des pourfendeurs de l'écologie qualifiée de punitive, pour évoquer *a contrario* la perspective d'un monde vivable et de modes de vie plus solidaires. Plus encore qu'une responsabilité vis-à-vis des générations futures, le choix collectif des générations actuelles n'est-il pas d'expérimenter un développement plus équilibré, plus sain, plus heureux, entretenant des relations apaisées avec la nature et le vivant ?

Le philosophe Pierre Charbonnier, qui a lancé, avec d'autres, le centre de réflexion Construire l'écologie, évoque une crise systémique et durable des relations avec

---

93. Léa Falco, *Faire écologie ensemble*, Rue de l'Échiquier, 2023.

le milieu naturel[94]. Ce qui est en jeu, et qui convoque remède et action, c'est ce que les humains font au monde et ce que le monde leur fait en retour. Au cœur de cette réflexion, Philippe Descola, anthropologue de renom, considère que la bataille du siècle est de dépasser le dualisme opposant nature et culture au profit d'une écologie imaginant des formes de relations et de souveraineté propres entre humains et non-humains[95]. Dans la même veine, le philosophe Baptiste Morizot suggère de s'intéresser à l'inexploré, autrement dit la relation sensible dans et avec le vivant[96].

Plus concrètement, les penseurs du vivant pointent des sujets cruciaux pour comprendre l'intrication entre l'activité humaine et la biodiversité, et proposer son dénouement. Sandra Lavorel, médaille d'or du CNRS en 2023, a consacré l'essentiel de ses travaux aux services essentiels que les écosystèmes rendent à la vie sur Terre. De la même façon, des chercheurs s'interrogent sur le droit des sols, sujet encore largement ignoré quand l'air ou l'eau, par exemple, font l'objet de normes de qualité et de protection. Pourtant, l'entretien de ce capital productif, dont les agriculteurs ne sont que les exploitants, constitue l'un des enjeux majeurs pour imaginer une alimentation saine et durable.

Une traduction politique de ces approches philosophiques et anthropologiques contribuerait à forger un imaginaire de la transition qui transcende la bifurcation économique et comportementale. Elle suppose rupture et raison.

---

94. Pierre Charbonnier, *Culture écologique*, Les Presses de Sciences Po, 2022.
95. Philippe Descola, *Une écologie des relations*, CNRS Éditions, 2019.
96. Baptiste Morizot, *L'Inexploré*, Wildproject, 2023.

CHAPITRE 5
La rupture et la raison

L'utopie sociale-écologiste s'attaque à un dilemme essentiel : comment accélérer fortement la transition écologique tout en obtenant le soutien de Français inquiets de ses conséquences sur leurs conditions de vie ? Comment dépasser la contradiction entre un relatif consensus sur la situation alarmante de la planète et un sérieux dissensus sur les solutions à mettre en œuvre[97] ? À ces questions, la réponse radicale suggère une sortie progressive du système capitaliste et trouve un écho dans une partie du peuple de gauche. Mais, faute de soutien électoral majoritaire, cette réponse conduit immanquablement à rester à l'écart du pouvoir. À l'inverse, les solutions proposées jusqu'ici par la majorité présidentielle gravitent autour d'une adaptation de l'économie de marché aux réalités de l'urgence climatique. Le techno-solutionnisme irrigue la pensée des élites peu enclines à se remettre en question, alors même que le basculement est impératif, selon Géraud Guibert, président de la Fabrique écologique[98]. Quant au déni assumé par l'extrême droite, il augure mal de la trajectoire de décarbonation de la France.

97. François Gemenne, *L'écologie n'est pas un consensus. Dépasser l'indignation*, Fayard, 2022.
98. Géraud Guibert, *Le Grand Malentendu climatique. On a encore le temps, il est déjà trop tard*, L'Aube, 2023.

La social-écologie ne se reconnaît guère dans l'affrontement stérile entre un vieil imaginaire radical et un faible idéal pragmatique. Changer le cours de l'histoire pour maintenir à long terme des conditions d'existence soutenables nécessite une double ambition : la rupture et la raison. La rupture est un impératif qui ne laisse pas de place à la procrastination face à l'opportunisme électoraliste et à la résistance des lobbys. Elle ne concerne pas seulement les choix énergétiques et l'abandon rapide des énergies fossiles au profit des renouvelables ; elle vise aussi la réorganisation des modes de production et de consommation, non plus fondés sur une logique financière ou dépensière, mais sur une redéfinition des biens et des services compatibles avec un progrès durable. La raison, de son côté, est une exigence de méthode collaborative et constructive pour assurer aux acteurs économiques et sociaux les conditions de leur développement et de leur émancipation. La longue marche vers une économie décarbonée ne se fera pas « contre » mais « avec » les entreprises, pas plus qu'elle ne devra pénaliser les publics les plus affectés par une réorganisation des activités, du travail, de la mobilité ou des loisirs.

L'articulation de la rupture et de la raison est un enjeu à la fois sémantique et programmatique. Sans un récit de la grande transformation du siècle comparable à celui de la révolution industrielle de la fin du XIXe ou à celui des Trente Glorieuses de l'après-guerre, il est illusoire d'espérer convaincre l'opinion. Celle-ci se désole d'une culture politique technocratique faite de chiffres et de compromissions, s'inquiète à juste titre d'un délitement de la société symbolisé par les inégalités et la violence, et se jette massivement dans les bras de la chimère populiste et autoritariste. Pour que l'avenir lui redevienne désirable, dans un pays forgé par la liberté, l'égalité et la fraternité, encore faut-il commencer par nourrir la transition écologique des devises de la République.

La liberté ? À l'opposé de la conception libertarienne, refusant toute emprise de l'État, et de la conception libérale, misant sur l'individu plus que sur le collectif, elle s'incarne dans les nouveaux moyens donnés aux citoyens pour expérimenter, discuter ou définir l'avenir consensuel d'une société confrontée aux limites planétaires. L'égalité ? Elle se manifeste dans le combat contre le risque d'une double peine climatique : la pauvreté et la privation. La notion de biens essentiels au pouvoir de vivre, comme l'accès à une énergie ou à une mobilité contrainte bon marché, en est un outil central. La fraternité ? Elle s'exprime dans le retour à une forme d'humilité de la société quand l'Anthropocène menace les grands équilibres du vivant. La main tendue vers l'autre l'est aussi vers les espèces et la nature, qui contribuent à nos existences.

Quitter la représentation conflictuelle pour la scène consensuelle

Malheureusement, les récits du grand changement écologique ont longtemps souffert d'une grammaire catastrophiste. L'horizon de la fin du monde, éclairé par les effondrements déjà en cours en matière de biodiversité et de montée des eaux, ne laisserait d'autre choix que de se résigner à subir de plein fouet la violence des cataclysmes à venir ou à en limiter temporairement les effets. En conséquence, il serait urgent de se préparer à des années d'incertitude et de désorganisation tout en imaginant la suite. Le changement de cap passerait nécessairement par un cheminement intérieur et une remise en question de notre vision du monde, en explorant la collapsosophie, autrement dit l'appel à la sagesse pour affronter la débâcle de la société industrielle[99].

À l'opposé, nombre d'acteurs plus optimistes proposent de s'appuyer sur les expériences locales et d'en appeler au foisonnement des imaginations pour envisager un autre monde. C'est le cas de Rob Hopkins, cofondateur du mouvement des villes en transition, qui recense toutes les initiatives vertueuses, partout sur la planète, pour en tirer profit et construire, pas à pas, une véritable innovation sociale et environnementale[100]. Dans la même veine, Cyril Dion, coréalisateur du film *Demain*, suggère de nombreuses pistes d'actions individuelles ou collectives[101]. Il prône l'enthousiasme et la créativité pour libérer les énergies nécessaires à la construction d'un nouvel équilibre sur terre.

Entre discours sombre et scénario confiant, l'entre-deux sonne un peu creux. Certains s'accrochent à l'idée de frugalité sans préciser vraiment qui devrait être impacté, hormis un effort demandé à tous sur la consommation énergétique. Implicitement, la transition se limiterait à un cap difficile à franchir, au bout duquel la technologie et la croissance verte ouvriraient un avenir radieux. Cette approche ne génère pas seulement du doute, elle justifie un attentisme qui débouche sur les scénarios d'adaptation à un réchauffement de plusieurs degrés aux conséquences difficilement prévisibles. L'historien Patrick Boucheron en

99. Pablo Servigne, Raphaël Stevens et Gauthier Chapelle, *Une autre fin du monde est possible. Vivre L'effondrement (et pas seulement y survivre)*, Seuil, 2018.
100. Rob Hopkins, *Et si… on libérait notre imagination pour créer le futur que nous voulons ?*, Actes Sud, 2020.
101. Cyril Dion, *Petit Manuel de résistance contemporaine*, Actes Sud, 2018.

dénonce les ressorts pour rappeler l'urgence qui advient, dont on connaît les causes et qui impose d'agir[102].

La narration de la transition reste à écrire. Elle suppose de nommer les obstacles et les résistances susceptibles d'entraver durablement son accomplissement. Elle requiert de définir les changements profonds de comportement qu'elle implique. Et elle oblige à de nouvelles logiques intellectuelles, économiques et sociétales. Mais elle ne peut se contenter d'abonder le flot d'histoires que le marketing du *storytelling* a produit depuis des décennies. Son objet est plus précis. En situation d'urgence, elle vise à construire un imaginaire commun qui bouscule les frontières de la controverse politique. La manière compte autant que le récit. Après tout, si la communauté internationale est capable, malgré les profondes divergences de situations et d'intérêts entre les différents pays, d'avancer – même modestement – sur des objectifs de décarbonation, pourquoi la communauté nationale, au-delà des postures et des oppositions de circonstance, ne parviendrait-elle pas à trouver les bons compromis à mettre en œuvre pour atteindre les objectifs de l'accord de Paris ?

Aux solutions imaginées et proposées d'en haut, il est indispensable de confronter l'intelligence démocratique d'en bas. L'acceptabilité du monde d'après n'est possible qu'en redonnant sens à la délibération commune et aux choix partagés. Les bonnets rouges et les gilets jaunes sont l'expression, avant tout, d'un déficit de discussion préalable et de résolution commune qu'il est trop commode d'attribuer au goût des Français pour l'embrasement populaire. La hausse du prix du carbone est une figure imposée par la crise climatique qu'il est possible d'exécuter avec

102. Patrick Boucheron, *Le Temps qui reste*, Seuil, 2023.

l'assentiment populaire, à condition de prendre le temps et le soin d'en expliquer les raisons et d'en mettre en œuvre les contreparties sociales. Faute de quoi, les piteux reculs assortis de chèques de compensation dessinent l'image d'un pouvoir politique fébrile et sceptique.

De ce point de vue, le dessein de la social-écologie est un appel à quitter la représentation conflictuelle pour la scène consensuelle. La rupture avec une politique écocide d'accommodement n'est concevable qu'en mobilisant la raison pour assumer des choix pensés et approuvés de manière démocratique. C'est la condition pour rebâtir les fondations de la confiance, dont la destruction systématique par les populistes – qui lancent des anathèmes et désignent des boucs émissaires – est le prérequis d'un refus d'agir. La contre-offensive ne peut venir que d'un sursaut autour d'objectifs communs profitables au plus grand nombre. Après tout, il suffit de renouer avec la grande histoire de France, qui n'a pas toujours subi l'influence intellectuelle des déclinistes[103]. En période de crise, mieux vaut tendre l'oreille à l'espoir, même confus, qu'à l'inquiétude, toujours frustrante. Cela doit constituer la raison d'être d'une coalition des forces qui ne se résignent pas à une polarisation politique dont ne sortiront vainqueurs que les climato-je-m'en-foutistes et les nantis.

La planification démocratique et la défense de l'État de droit

Quels sont les combats idéologiques à mener pour s'engager – vraiment et vite – dans une transition heureuse?

103. Jean Garrigues, *Jours heureux. Quand les Français rêvaient ensemble*, Payot, 2023.

Le premier est de remettre la planification démocratique au centre et de réhabiliter le rôle de l'État, dont la crise résulte d'une vision managériale de ses missions, trop souvent déléguées aux grands cabinets de conseil privés. Dans un précieux essai sur la bifurcation écologique, l'économiste Cédric Durand et le sociologue Razmig Keucheyan rappellent que le néolibéralisme conduit à l'atonie de la puissance publique, incapable de fixer des objectifs, de superviser l'activité privée et de vérifier l'efficacité des investissements[104]. Et proposent de planifier, pendant une décennie, les outils de lutte contre le dérèglement climatique en articulant orientations nationales et expérimentations locales.

Le deuxième combat consiste à s'attaquer vraiment à la décarbonation de l'économie en respectant les engagements pris pour 2030. Il suppose de combiner répartition des efforts et investissements publics vertueux : en taxant exceptionnellement les plus riches et en acceptant le creusement d'une dette gagée sur les économies d'exploitation future en matière de rénovation énergétique ou de transports, par exemple. Ce sont les propositions de Jean Pisani-Ferry, professeur à Sciences Po, et Selma Mahfouz, inspectrice générale des finances, dans un rapport remis au gouvernement au printemps 2023. Cette option n'empêche nullement d'entreprendre parallèlement une revue de la dépense publique – et parfois de son inefficience. Les milliards de dépenses supplémentaires dans les programmes de la gauche ne sont pas nécessairement synonymes d'efficacité.

Le troisième combat est à la fois existentiel et climatique. La montée en puissance du numérique, autrement dit de la

104. Cédric Durand et Razmig Keucheyan, *Comment bifurquer*, La Découverte, 2024.

téléphonie mobile, des messageries, du streaming et maintenant de l'intelligence artificielle, plombe le bilan carbone de la planète. Ces seules activités seraient déjà responsables de 2,5 % des émissions de gaz à effet de serre en France, avec une progression exponentielle. Les géants du secteur, comme Google, reconnaissent d'ailleurs ne plus être en mesure de compenser totalement l'impact négatif de leurs centres de données, voraces en énergie. L'encadrement, voire la limitation consentie, des usages et des recherches numériques est une question très concrète qui interroge les fondements mêmes d'un choix de société.

Le quatrième combat concerne l'État de droit, dont la Constitution est la pierre angulaire. L'extrême droite et la droite, surfant sur la vague illibérale qui empoisonne certains pays démocratiques, ne ratent pas une occasion de dénoncer les influences politiques qui mineraient la crédibilité du Conseil constitutionnel, et même du Conseil d'État, dans le rendu de leurs décisions. Reprises dans certains cas (à tort) par la gauche radicale, ces attaques participent d'une inquiétante dérive mettant en cause l'indépendance des juges. Ainsi, la censure d'une partie de la loi immigration ne relevait pas d'un arbitrage politique mais du simple constat, en l'occurrence, que la préférence nationale est contraire aux principes constitutionnels. Plus généralement, la vigilance et l'exigence s'imposent quant au respect de la liberté d'expression et des droits fondamentaux.

Enfin, le combat européen n'est pas le plus facile à imaginer. À l'heure de la montée des postures nationalistes et identitaires, dont les élections européennes de 2024 ont été le reflet, la constitution d'un arc progressiste au Parlement de Bruxelles est indispensable pour empêcher les reculs déjà observés sur le Pacte vert et faire de l'Europe, au contraire, une avant-garde mondiale dans la lutte contre le réchauffement. C'est la condition pour entraîner, au-delà, la communauté internationale dans l'accomplissement de ses objectifs en matière de climat et de biodiversité. Et pour limiter, à l'heure des nouveaux fracas d'un monde multipolaire, les risques de guerre et de déstabilisation qu'entraîneraient la disparition de certains territoires ou la raréfaction des ressources naturelles.

Les programmes trop complets sont rarement lus. Mais, parfois, quelques marqueurs frappent les esprits. Sans prétendre à l'exhaustivité, quelles premières pistes possibles pourraient animer un projet social-écologiste à la fois dissonant et fédérateur ?

Le compromis nucléaire

Il serait souhaitable de dépasser les querelles qui empoisonnent depuis un demi-siècle les choix de souveraineté et d'efficacité énergétique en France. La décarbonation implique d'abandonner le recours aux énergies fossiles, il est donc temps d'accélérer considérablement le déploiement des énergies renouvelables. Voilà la rupture. La timide loi votée début 2023 a apporté un certain nombre de réponses pour débloquer administrativement les projets, notamment l'éolien en mer, et les rendre plus acceptables. Ce fut un premier pas très mesuré, qui n'a pas empêché Les Républicains et le Rassemblement national de voter contre, arguant de son inutilité et des dégâts paysagers causés par l'éolien terrestre. Les socialistes ont voté pour, les insoumis contre, et les Écologistes… se sont abstenus ! Cette désunion, notamment à gauche, illustre le mal français à s'accorder sur un enjeu d'intérêt national.

La France, mauvaise élève européenne, accuse pourtant un retard coupable dans le développement des énergies renouvelables. Les raisons en sont connues : la pusillanimité dans les investissements a tenu pour partie à la croyance persistante dans la toute-puissance décarbonée du nucléaire ; le manque de compétitivité de l'éolien et du solaire, pendant longtemps, a justifié des choix de court terme plutôt que de long terme ; enfin leur intermittence – fonction du vent et du soleil – a engendré nombre de critiques sur leur impuissance à garantir l'indispensable souveraineté énergétique. Les trois arguments ne sont plus fondés aujourd'hui. Entre les frais d'entretien de la sécurité du parc de centrales, la réduction du coût des installations renouvelables et les progrès réalisés dans le stockage de l'électricité produite, la démonstration des détracteurs de ces énergies ne tient plus guère.

Il reste que les besoins en électricité scénarisés par le Réseau de transport de l'électricité (RTE), organisme public chargé notamment d'assurer la sécurité de l'approvisionnement, vont considérablement augmenter avec les mutations engagées dans le secteur industriel et dans les usages quotidiens des Français[105]. L'électrification progressive des véhicules ou le développement des pompes à chaleur en sont des illustrations concrètes. Les hypothèses ne laissent cependant guère de doute sur la stratégie à suivre. À la sobriété, proportionnée aux moyens, devra s'ajouter un mix énergétique dans lequel le nucléaire, pendant un certain temps, continuera d'occuper une place essentielle. La raison doit l'emporter.

105. « Futurs énergétiques 2050. 2023-2035 : première étape vers la neutralité carbone », RTE France.

Quels que soient leurs fondements – le coût, la sûreté, les déchets, la dépendance à la ressource en uranium –, les arguments des antinucléaires butent sur la question des usages et des délais. À moins d'envisager la frugalité énergétique dans une version radicale ou d'accepter, comme l'Allemagne, une transition fossile le temps d'atteindre le 100 % renouvelable en 2035, il paraît vain de s'arc-bouter sur cette position. L'enjeu d'une énergie décarbonée commande un compromis qui n'exclut nullement la discussion sur le montant des investissements à opérer et sur la nécessité, à terme, du démantèlement des installations nucléaires.

Quant aux oppositions croissantes à l'éolien terrestre, nourries par des positionnements fluctuants de politiques soucieux de ménager une opinion arc-boutée sur la conservation des paysages, il serait possible de les réduire en empruntant des voies démocratiques locales. Les permis de construire pourraient faire l'objet d'un débat en amont, de sorte à planifier les quantités d'éoliennes nécessaires à l'atteinte d'objectifs ambitieux et à contrôler leur localisation pour respecter la notion de zones acceptables. La discussion et la délibération de proximité, associant les élus et les citoyens, garantiraient l'acquiescement à supporter le minimum de nuisances.

Le bonus-malus fiscal climatique

La révolution fiscale est une antienne de la gauche en campagne électorale. 1981, 1997, 2012 : François Mitterrand, Lionel Jospin et François Hollande avaient inscrit nombre de réformes dans leurs propositions, dont la plupart sont restées lettre morte. La progressivité de l'impôt sur le revenu a été alourdie pour les plus aisés au début du quinquennat Hollande, mais elle a vite été mise en pause. En cause : la fragilité du consentement fiscal en France. En réalité, si l'opinion juge indispensable de payer pour bénéficier de services publics et d'une protection sociale de qualité, elle n'en estime pas moins que le système est profondément injuste et que les deniers publics sont mal utilisés[106].

Ce sentiment n'est pas sans fondement. L'hostilité s'est accrue avec les mesures décidées par Emmanuel Macron dès son arrivée au pouvoir en 2017. Instauration de la *flat tax* limitant à 30 % l'imposition des revenus financiers, transformation de l'impôt de solidarité sur la fortune en simple impôt sur la possession de biens immobiliers, réduction de l'impôt sur les sociétés de 35 % à 25 % : le paquet fiscal est vite apparu comme un ensemble de faveurs consenties aux détenteurs de capitaux. Depuis, le qualificatif de « président des riches » colle à la peau du chef de l'État, qui a toujours justifié son action par la théorie libérale dite du ruissellement : une moindre taxation favoriserait le réinvestissement des dividendes dans l'activité économique, au profit de tous. Las, France Stratégie, organisme consultatif auprès du Premier ministre, rassemblant experts et partenaires sociaux, n'a jamais réussi, dans ses rapports annuels successifs, à en prouver l'existence. Les effets des cadeaux fiscaux sur l'investissement et la création d'emplois demeurent incertains, alors que l'accroissement des dividendes versés a pleinement profité aux 1 % de foyers fiscaux qui en concentrent 96 % du total.

« Faire payer les riches », telle est l'idée couramment admise à gauche, mais pas seulement. Des millionnaires

106. « Refonder le consentement à l'impôt à l'heure de la fiscalité écologique », Fondation Jean-Jaurès, 2023.

américains, canadiens ou européens (mais guère en France) se rassemblent dans des associations dont le slogan est « Tax me now ! » (« Taxez-moi maintenant ! »). Ils réclament de participer davantage à l'effort financier gigantesque que réclame la transition énergétique. Depuis trente ans, la richesse des plus aisés a augmenté deux fois plus vite que la moyenne à l'échelle mondiale, creusant un peu plus les inégalités entre le bas et le haut de l'échelle. Le Laboratoire sur les inégalités mondiales, à l'École d'économie de Paris, en mesure précisément les données. Son codirecteur Lucas Chancel, économiste et professeur invité à la Harvard Kennedy School, plaide notamment pour une plus grande justice sociale et environnementale au motif que les plus fortunés émettent environ dix fois plus de CO_2 que les plus modestes[107].

Une initiative portée par le président Lula, au Brésil, vise à instituer un impôt international sur les très grandes fortunes. Elle est soutenue par Esther Duflo, prix Nobel d'économie. Elle permettrait d'éviter toutes les formes d'optimisation fiscale et viendrait compléter les dispositions en cours d'application concernant l'homogénéisation de la taxation des grandes plateformes numériques et l'imposition minimum effective au taux de 15 % des bénéfices des multinationales. L'idée a été avancée par les économistes Emmanuel Saez et Gabriel Zucman, professeurs à l'université de Californie, à Berkeley[108]. Ils proposent notamment d'imposer les milliardaires à hauteur de 2 % de leur fortune, ce qui permettrait de récolter près de 250 milliards de dollars par an, à l'échelle internationale, auprès de trois mille particuliers extrêmement riches.

107. Lucas Chancel, *Insoutenables inégalités. Pour une justice sociale et environnementale*, Les petits matins/Institut Veblen, 2021 [2017].
108. Emmanuel Saez et Gabriel Zucman, *Le Triomphe de l'injustice*, Points, 2021 [Seuil, 2020].

Le buzz sur l'usage des jets privés – quand bien même son impact sur le réchauffement climatique reste anecdotique – témoigne d'un changement de perception des inégalités sociales. Autant les écarts de revenus peuvent être acceptés au nom du talent artistique ou entrepreneurial, autant ils ne le sont plus quand la richesse conduit à émettre beaucoup trop de carbone et donc à participer à la destruction du bien commun. Dans son rapport de 2023, le Giec insiste d'ailleurs sur les inégalités dans la distribution des émissions et la répartition des contraintes liées aux politiques de lutte contre le changement climatique. Il recommande même aux États de s'attaquer aux nombreuses formes de consommation ostentatoire qui témoignent publiquement du prestige social.

Comment agir efficacement ? En rompant avec un système fiscal mal adapté aux enjeux de décarbonation. La première mesure, évidemment, consiste à mettre fin aux subventions directes ou indirectes accordées aux entreprises toujours engagées dans des projets fossiles. Plus globalement, la social-écologie est fondée à porter une réforme fiscale complète sur une idée simple : le bonus-malus climatique. Un tel marqueur s'appliquerait à l'ensemble des impôts et des taxes payés par les ménages et les entreprises. S'agissant des premiers, le concept rejoint une proposition de Pascal Canfin, élu macroniste au Parlement européen et président de la commission de l'environnement. Celui-ci défend le principe d'une progressivité dans la fiscalité de l'énergie et du carbone, au motif que la première tonne de CO_2 émise pour chauffer un logement en précarité énergétique est aujourd'hui taxée au même prix que celle servant à chauffer les résidences secondaires d'un foyer ultra-riche.

Plus généralement, le bonus-malus pourrait s'appliquer à l'impôt sur le revenu, en tenant compte par exemple de la nature des véhicules du foyer fiscal – moins pour l'électrique, plus pour le SUV – ou de son empreinte carbone. De la même manière, un rétablissement de l'impôt sur la fortune, à l'assiette plus large que l'immobilier, prendrait en compte la nature des avoirs financiers : moins de taxation pour les capitaux investis dans la transition écologique, plus pour ceux consacrés à des activités polluantes. S'agissant des entreprises, l'impôt sur les sociétés serait ajusté à la hausse ou à la baisse en fonction du bilan carbone, désormais étayé par les nombreux mécanismes d'évaluation et de contrôle sur lesquels s'appuient les fonds d'investissement soucieux de responsabilité climatique. Enfin, pour orienter la demande vers des produits vertueux, une TVA différenciée pourrait être mise en place en fonction de l'émission ou de la provenance des produits.

La raison impose cependant une certaine prudence sur un sujet hautement inflammable. Pour consentir à l'impôt, encore faut-il souscrire à un diagnostic partagé sur sa répartition, son effet climatique et son affectation. À l'instar de la Convention citoyenne pour le climat, une consultation citoyenne sur le sujet permettrait de dégager les grandes lignes d'une indispensable réforme. Au-delà même des questions de justice fiscale, ce serait l'occasion de fabriquer un consensus utile sur les enjeux de simplification, d'une part, et de lutte contre la fraude, d'autre part. Sur ce dernier point, l'absence de chiffrage précis et tangible autorise nombre de variations programmatiques entretenant l'illusion d'un trésor sans limites.

L'entreprise multipartite

La financiarisation de l'activité économique, autrement dit la puissante vague libérale de la fin du XXe siècle consacrant l'actionnaire et les fonds d'investissement comme sa partie prenante centrale, fait figure de vieux monde. Si l'industrie financière continue de jouer son rôle utile d'intermédiaire entre l'épargne et l'investissement, sa prétention idéologique à guider et à donner du sens au progrès est singulièrement ébranlée. La crise climatique et maintenant celle du travail ouvrent un champ de réflexion inédit sur le rôle et la place des entreprises dans la société. Leur responsabilité sociale et environnementale alimente le débat public et suscite nombre de dispositions légales ou réglementaires sans que, pour autant, leur mode de gouvernance soit véritablement transformé.

Le nouveau monde ne doit pas se contenter de favoriser la montée en puissance des entreprises à impact, encore à la lisière du système, ni de saluer les timides ou opportunistes tentatives des autres pour définir leur mission. La rupture sociale-écologiste appelle une révolution culturelle pour modifier en profondeur leurs systèmes de décision. La présence d'administrateurs dits « indépendants » dans leurs conseils ne suffit nullement à garantir que leurs choix de développement sont conformes aux exigences de la transition. En sus des orientations générales de la puissance publique pour respecter les engagements climatiques, il convient d'adjoindre une représentation effective des parties prenantes dans leurs instances de pouvoir.

L'entreprise multipartite est souvent pensée à l'aune de la présence de salariés dans le conseil d'administration. Sur l'échelle de la radicalité, les propositions vont jusqu'à imaginer un système paritaire avec 50 % de représentants du personnel, en référence au mode de gouvernance allemand pour les conseils de surveillance. Un tel renforcement, souhaitable, ignore cependant souvent les parties prenantes externes. Or les instances de la société civile directement impactées par l'activité des entreprises, qu'il s'agisse des collectivités locales, des partenaires économiques, des associations environnementales ou même des clients, ont une légitimité à participer aux décisions.

La révolution culturelle devrait également concerner l'actionnariat salarié. C'est un oxymore qui vient de loin, depuis que le général de Gaulle a invité le gouvernement, en 1967, à promulguer une ordonnance sur la participation obligatoire aux bénéfices des entreprises. Ce mécanisme, comme celui de l'intéressement, participe du débat sur un meilleur partage de la valeur. Mais cette approche s'avère encore très insuffisante. Être actionnaire est une voie plus directe pour participer pleinement aux résultats. Aujourd'hui, seuls 3,3 % des collaborateurs profitent de ce statut dans les sociétés du CAC 40. Le chiffre tombe à 1,6 % pour celles du SBF 120 et devient presque nul pour les autres. Faire en sorte que les salariés puissent détenir 10 % du capital dans toutes les entreprises reconnaîtrait l'apport de la partie prenante interne à la performance de l'entreprise.

Ce serait un pas symbolique et utile quand les revenus astronomiques de certains dirigeants suscitent incompréhension et exaspération. L'ONG Oxfam souligne qu'en 2022 les revenus des PDG du CAC 40 ont été, en moyenne, 130 fois supérieurs à ceux des salariés de leurs entreprises[109]. Des voix s'élèvent pour repenser cette gigantesque distorsion qui serait un frein à la croissance, selon

109. « Cash 40 : trop de millions pour quelques hommes », Oxfam, 2024.

les économistes Jean-Hervé Lorenzi et Alain Villemeur, peu suspects de gauchisme[110]. Le groupe Michelin fait désormais figure de pionnier dans ce débat, après avoir décidé d'accorder un «salaire décent» à ses 132 000 salariés dans le monde, sensiblement supérieur au minimum local et permettant de subvenir aux besoins essentiels d'une famille de quatre personnes.

La raison s'impose sur ce sujet des inégalités de revenus qui mine la confiance. La consécration du rôle majeur des entreprises dans la lutte contre le changement climatique doit aller de pair avec une forte incitation à la négociation sur le partage de la valeur. Ce devrait être l'objet d'un pacte fondamental unissant un gouvernement social-écologiste et les acteurs économiques autour d'un programme pour la transition. D'un côté, un nouveau paradigme présiderait à une plus juste régulation entre dividendes et salaires et à l'association de nouveaux ayants droit à la décision. De l'autre, un soutien sans faille à la créativité et à l'innovation paverait le chemin d'une bifurcation juste et accomplie par les acteurs économiques. La puissance publique dispose d'outils pour orienter les grands choix vers la décarbonation. Mais le contrat avec les entrepreneurs est encore le meilleur passeport pour y parvenir. En Allemagne, quelles que soient les difficultés conjoncturelles, le ministre écologiste de l'Économie, Robert Habeck, et la grande fédération patronale de l'industrie ont toujours dialogué d'un commun accord : la question environnementale, dans son acception la plus large, est une priorité.

---

110. Jean-Hervé Lorenzi et Alain Villemeur, *Partage vertueux entre salaires et profits*, Economica, 2023.

La mobilité partagée

Emmanuel Macron revendique d'« adorer la bagnole[111] ». Il n'est pas le seul, mais son propos, en tant que président de la République, dérange quelque peu quand on mesure l'incidence de l'automobile dans le dérèglement climatique. La route – voitures et camions confondus – concentre 95 % des émissions de gaz à effet de serre du secteur des transports. Lequel contribue pour 30 % au total des émissions annuelles nationales et demeure la seule grande activité dont la courbe a continué de progresser depuis trente ans. Autant dire que la décarbonation de la mobilité, routière particulièrement, est une priorité. Menaces sur quelques fleurons industriels comme Renault ou Stellantis, concurrencés par des compétiteurs américains et asiatiques dans le véhicule électrique, atteintes aux libertés individuelles bridées par la limitation de vitesse ou l'instauration de zones à faible émission : les résistants et les lobbys manient toute une palette d'arguments pour freiner le mouvement.

La solution est-elle dans un report modal vers le train ? Quels que soient les investissements massifs annoncés pour moderniser le réseau, rouvrir certaines lignes ou développer des RER dans les grandes métropoles, les faits sont têtus. La très grande majorité des déplacements se fait en voiture – 80 % en zones rurales – parce que le rail ne peut assurer la desserte d'un habitat éparpillé. Faut-il alors s'orienter vers une électrification massive du parc automobile ? L'effet immédiat serait une réduction très forte des émissions dans les usages de mobilité. Encore faudrait-il que les bornes de recharge, rapides pour les trajets de

---

111. « On est attaché à la bagnole, on aime la bagnole. Et moi je l'adore », a déclaré Emmanuel Macron au journal télévisé de France 2 et de TF1, dimanche 24 septembre 2023.

longue distance, fleurissent partout sur le réseau routier. Mais l'envers de la médaille est que le véhicule électrique est gourmand en ressources pour sa fabrication, notamment en métaux rares, ce qui n'est pas sans conséquences climatiques. Le chercheur Aurélien Bigo, spécialiste de la décarbonation des transports, préconise d'agir sur différents leviers pour combiner des modes de transport plus vertueux[112].

Là est la rupture qu'un projet social-écologique est susceptible d'engager. L'avenir des déplacements repose sur la mobilité partagée, à la fois en termes de moyens – la marche, le vélo ou le train quand c'est possible – et de remplissage des véhicules – des lignes de cars express ou de covoiturage sur les axes connectant le périurbain aux grandes agglomérations. C'est une approche qui peut heurter l'imaginaire associé à la possession d'une voiture, mais qui peut aussi contribuer à soulager les porte-monnaie des plus modestes. En zone pavillonnaire à l'écart de la ville, par exemple, la possession d'une ou deux voitures par foyer répond à des usages de mobilité somme toute limités – trajets domicile-travail, courses, etc. – pour des coûts très importants. L'offre de véhicules intermédiaires de courte distance, légers et peu énergivores en ressources de fabrication, et la systématisation d'un autopartage à la demande, piloté au niveau des collectivités locales, pourraient assurer le même service en redonnant du pouvoir d'achat aux usagers.

Le changement nécessaire des pratiques de déplacement n'est évidemment pas sans conséquences industrielles et comportementales. Le secteur automobile est condamné

112. Aurélien Bigo et Isabelle Brokman, *Voitures, fake or not*, Tana Éditions, 2023.

à se réinventer. Transformation des produits, des filières, des métiers, il convient d'anticiper et d'accompagner les constructeurs et leurs salariés vers les marchés bas carbone de mobilité : vélos électriques, mini-voitures, véhicules légers, etc[113]. Dans le même temps, la raison commande de convaincre progressivement l'opinion d'adapter ses comportements. L'obstacle n'est pas insurmontable, à condition de ne pas porter atteinte à la liberté par des mesures contraignantes mais d'en appeler à la responsabilité. Après tout, qui aurait parié, il y a vingt ans, sur la généralisation du tri des déchets ou la disparition du tabac dans les espaces ouverts au public ?

La République écologique

Pour engager la France dans une transition rapide mais juste, la radicalité est affaire de méthode autant que de choix. La République écologique ne se définit pas tant par son objectif que par les moyens à déployer pour l'atteindre. À l'opposé d'un régime autoritaire, que ses détracteurs imaginent aux mains de Khmers verts, elle entend refuser toute logique coercitive pour embarquer le pays dans sa grande transformation. Récusant l'antinomie supposée entre urgence environnementale et voie démocratique, elle se propose de renverser quelques tables de l'ordre institutionnel, comme la pratique monarchique présidentielle, le statut juridique de l'utilité publique ou le mille-feuille de la décision publique.

Faut-il changer de Constitution ? Partisans et adversaires d'une VIe République ne sont pas nécessairement d'accord

113. The Shift Project, *Climat, crises : le plan de transformation de l'économie française*, Odile Jacob, 2022.

sur le nouveau régime à instaurer. Les uns plaident pour une voie pleinement parlementaire, qui redonne la primauté du pouvoir aux assemblées face au gouvernement ; certains s'aventurent même à remettre en cause l'élection du président au suffrage universel[114]. Les autres réclament au contraire un véritable aggiornamento présidentiel qui s'inspire de l'exemple américain en obligeant les pouvoirs exécutif et législatif à coopérer sur un pied d'égalité. Dans les deux cas, l'idée est d'en finir avec une architecture institutionnelle construite en temps de crise et de rétablir un équilibre entre les pouvoirs plus conforme aux grandes démocraties occidentales.

La raison recommande plutôt un sérieux toilettage afin d'éviter un processus lourd, long et incertain de refondation constitutionnelle. Au nombre des réformes qui s'imposent figurent des mesures faisant large consensus dans le champ politique et auprès de l'opinion. L'élection des députés au scrutin proportionnel assurerait une représentation plus fidèle des différentes sensibilités politiques, le risque d'émiettement forçant la constitution de coalitions. La suppression de dispositions comme l'article 49.3, par ailleurs, obligerait gouvernement et Assemblée nationale à nouer des compromis pour construire le budget et fabriquer les lois. Plus audacieuse, la refonte des conditions, aujourd'hui draconiennes, pour soumettre à référendum des initiatives législatives citoyennes transformerait le sentiment d'une démocratie trop rare.

La rupture ne concerne pas seulement l'édifice institutionnel. Elle vise également la culture administrative qui en découle, faite d'excellence mais aussi de centralisation, qui

114. Gaspard Koenig, *Contr'un. Pour en finir avec l'élection présidentielle*, Éditions de l'Observatoire, 2022.

explique parfois son déficit d'efficacité. Un bon exemple est l'étonnante contradiction entre un modèle français singulier et patiemment construit de participation du public aux enjeux environnementaux et l'impuissance régulière des concertations citoyennes à déminer les oppositions aux grands projets d'infrastructures. La Commission nationale du débat public (CNDP) s'échine, sans grands moyens, à organiser la discussion et, le plus souvent, à faire évoluer les programmes sur la base de ses rapports conclusifs. Mais les projets symboliques tels que l'aéroport de Notre-Dame-des-Landes ou le mégacentre commercial Europacity ont été abandonnés non pas sur sa recommandation, mais à la suite de mobilisations frontales qui chaque fois, comme dans le cas des mégabassines, se résolvent à coups de lacrymogènes plutôt que de compromis.

Derrière ces oppositions prenant un tour national se cachent des interprétations divergentes sur le concept d'utilité publique. Cette notion fort ancienne, formulée sous l'Ancien Régime, est un principe au nom duquel il est juridiquement possible d'aménager l'espace quand bien même il en résulterait des conséquences fâcheuses (mais dédommagées) pour les populations et des dégâts (si possible limités et compensés) pour l'environnement[115]. Or, en temps de prise de conscience écologique, l'intérêt général devient une question éminemment politique qui ne peut plus être considérée, comme auparavant, au seul filtre de la prospérité de telle activité ou de tel territoire. Elle renvoie à un destin commun pour limiter les effets d'un modèle de développement néfaste pour le climat et la biodiversité.

---

115. Frédéric Graber, *L'Inutilité publique. Histoire d'une culture politique française*, Amsterdam, 2022.

Ce qui est en jeu, de façon plus générale, est le cadre délibératif qui peut guider l'adoption de choix partagés, à tous les étages de la société. Il y a souvent une sorte de confusion entre le jugement sur le régime institutionnel que constitue la démocratie et l'insatisfaction sur l'état de la société, qui justifierait un chamboule-tout de nature plus ou moins autoritaire. La promesse démocratique reste pourtant d'inclure l'ensemble des citoyens dans le débat[116], autrement dit de s'atteler à l'extension du domaine de la discussion. Ce n'est pas simple, comme en témoigne l'instrumentalisation du grand débat organisé par Emmanuel Macron au lendemain de l'épisode des gilets jaunes. L'exercice d'autopromotion a masqué la richesse d'un matériau de milliers de cahiers de doléances recueillis à cette occasion.

Puisque l'objectif primordial est de créer les conditions d'une acceptabilité sociale de la grande transformation économique, la République écologique aurait la responsabilité d'articuler de nouveaux dispositifs entre le haut et le bas de la pyramide institutionnelle. Une première piste pourrait être de s'engager résolument dans une décentralisation simplifiée et augmentée, rapprochant l'imagination des solutions et l'expression des problèmes. Une deuxième voie consisterait à institutionnaliser les expériences de conventions citoyennes en leur affectant des moyens suffisants et, avant tout, en les dotant de garanties procédurales d'indépendance vis-à-vis du pouvoir politique.

Il reste un sujet particulièrement sensible dans le camp des progressistes : la laïcité et l'universalisme. La droite et l'extrême droite s'en sont emparées pour dénoncer à tout

116. Sandra Laugier et Dominique Rousseau (dir.), *La Démocratie, une idée-force*, Mare et Martin, 2023.

bout de champ le «wokisme» d'une partie de la gauche radicale, qui consisterait à essentialiser la race ou le genre au point de faire de la défense des minorités la matrice de tous les combats. La caricature politique ne doit toutefois pas interdire une approche raisonnée de la lutte contre les discriminations. Tout en reconnaissant la légitimité de celle-ci, Yascha Mounk, politologue germano-américain, plaide pour des démocraties pluriethniques où les identités individuelles ou communautaires s'articulent avec une identité collective qu'il nomme patriotisme civique et culturel[117].

La sécurité citoyenne

Le terme de sécurité publique n'a pas toujours bonne presse dans les rangs de la gauche. Une vieille tradition anarcho-syndicaliste l'associe facilement à l'usage légitime de la violence d'État. S'ensuivent des polémiques récurrentes sur les pratiques policières en temps de manifestations qui, pour être compréhensibles parfois, oublient un peu vite le rôle fondamental des corps affectés à l'ordre public, autrement dit à la protection des citoyens. Au pouvoir, les gouvernements de gauche ont toujours pris soin de les soigner, la posture des ministres de l'Intérieur ne se distinguant guère de celle de leurs prédécesseurs de droite. Mais l'ordre nécessaire à la vie en société ne saurait se réduire à la sécurité indispensable des biens et des personnes.

Un tournant substantiel devrait être pris dans l'acception d'une locution qui associe l'idée de tranquillité à son garant républicain. La sécurité citoyenne est un tout, englobant aussi bien la répression des contraventions à la

117. Yascha Mounk, *Le Piège de l'identité,* Éditions de l'Observatoire, 2022.

loi que la prévention contre les risques climatiques et sanitaires, l'accompagnement des travailleurs pénalisés par les inévitables restructurations imposées par la transition ou encore l'égalité d'accès à la connaissance et à l'information. C'est une ligne de force qui nécessite un combat de tous les jours et dont la revitalisation des services publics constitue un levier précieux. Leur privatisation rampante, souvent louée comme l'assurance d'un meilleur service, est avant tout source d'inégalités et de rupture du contrat social. Les Français sont sévères avec la dégradation qu'ils observent ces derniers temps. Selon le baromètre annuel de l'Institut Paul-Delouvrier[118], leur opinion positive a chuté de huit points depuis 2021, le recul concernant notamment l'éducation, le logement et la Sécurité sociale. Plus problématique, la satisfaction à l'égard de la santé publique est en baisse continue depuis quinze ans.

La démarche la plus urgente de redressement concerne le domaine sanitaire. La dangerosité de certains pesticides comme le glyphosate n'est plus à démontrer. Le primat de la santé ne devrait souffrir aucune exception justifiée par l'intensification des rendements agricoles. La sécurité du soin, de manière générale, oblige à en finir avec des logiques comptables et organisationnelles qui minent le fonctionnement des hôpitaux français, pourtant parmi les meilleurs au monde. Et avec une vision libérale qui entend responsabiliser – en termes plus directs : freiner – les patients dans leurs demandes. L'avenir d'un service public de santé pour tous est certainement dans l'anticipation des conséquences du vieillissement démographique et des maladies de longue durée qui en découlent.

118. « Les services publics vus par les Français et les usagers », Institut Paul-Delouvrier, décembre 2023.

La sécurité citoyenne concerne aussi la grande affaire de la décennie mise en lumière par le mouvement #MeToo : les violences faites aux femmes. La révolution en cours est celle de leur parole. Dans l'entreprise, les médias, les familles, l'ignorance n'est plus de mise. Pour autant, si près de cent mille femmes portent plainte chaque année pour viol ou tentative de viol, on ne recense qu'un petit millier de condamnations annuelles, et il faut compter soixante-dix-sept mois en moyenne pour un premier jugement, s'agissant d'une victime majeure. Faute de moyens policiers et judiciaires, les affaires s'enlisent et donnent l'occasion aux bons esprits de rappeler la présomption d'innocence. À propos de Gérard Depardieu, Emmanuel Macron s'en est fait le porte-parole de manière indécente, omettant d'évoquer les propos publics tenus par plusieurs femmes à l'encontre de ce dernier, ayant déjà conduit à sa mise en examen.

La social-écologie n'ignore pas non plus le sentiment d'insécurité physique. L'opinion manifeste dans les sondages un point de vue contradictoire : plutôt en baisse s'agissant de sa situation personnelle[119], plutôt en hausse s'agissant de la situation du pays. Il est vrai que le trouble est alimenté par des statistiques du ministère de l'Intérieur qui reflètent l'activité des services (enregistrement des dépôts de plaintes, enquêtes, etc.) plus qu'une estimation réelle de l'état de la délinquance. Mais les chiffres sont néanmoins significatifs : s'il y a une relative stagnation des délits de vol, les infractions pour coups et blessures volontaires, dans le cadre de violences conjugales ou hors cadre familial, sont en forte hausse. De surcroît, les crimes et délits sont très concentrés dans des zones définies. S'il y a

119. « Les Français et la sécurité », Elabe, avril 2024.

bien une manière de les réduire, ce n'est certainement pas en agitant démagogiquement l'arsenal répressif, mais en engageant des moyens ciblés. La lutte contre le trafic de drogue, qui empoisonne non seulement les quartiers difficiles mais désormais l'ensemble des territoires, suppose une action déterminée mais aussi une réflexion apaisée sur la fin de la prohibition des drogues douces comme le cannabis, expérimentée dans plusieurs pays européens.

La fraternité inconditionnelle

Impossible, pour un gouvernement progressiste, de ne pas rayer d'un trait de plume les dispositions de la loi sur l'immigration qui n'ont pas été retoquées par le Conseil constitutionnel et qui pourraient questionner le droit du sol ou tracer la voie de la préférence nationale. Il ne s'agit pas tant, d'ailleurs, de détricoter un texte renonçant aux valeurs de la République que de dissiper l'atmosphère nauséabonde conduisant à flatter les idées du Rassemblement national. De ce point de vue, la regrettable manœuvre politique de la Nupes, qui croyait bien faire en empêchant le débat à l'Assemblée nationale, s'est retournée contre elle. Les macronistes, la droite et l'extrême droite, à l'abri d'un débat public en séance, ont pu concocter leur forfait législatif.

Il convient de reprendre le dossier au début. Est-il admissible qu'au pays des droits de l'homme des étrangers et leurs enfants, même en situation irrégulière, dorment dans la rue faute de places d'hébergement d'urgence ? Est-il acceptable que les demandeurs d'asile doivent patienter de longs mois, parfois plus d'un an, pour que leur dossier soit traité ? Est-il normal que les immigrés en situation régulière poireautent dans des files d'attente interminables pour renouveler leur carte de séjour et se heurtent à de multiples tracasseries réglementaires ? La première règle devrait être la fraternité et le respect inconditionnels pour des personnes en situation de grande précarité ou de fragilité administrative. Et donc le déploiement de moyens adéquats et dignes qui ne souffrent pas de discussion.

Ensuite, seulement, se pose la question plus globale de la politique migratoire. Historiquement, la gauche a toujours oscillé entre son universalisme culturel favorable à l'ouverture des frontières et aux flux migratoires et son tropisme social hostile à l'utilisation des immigrés comme « armée de réserve » contre les travailleurs nationaux. Unie pour combattre le racisme, elle tâtonne et se divise sur la question des sans-papiers. Des voix divergentes se sont élevées lorsqu'il s'est agi de prendre position sur la partie de la loi immigration limitant la régularisation aux personnes travaillant dans les métiers en tension.

Didier Leschi, directeur de l'Office français de l'immigration et de l'intégration (OFII), souligne que la France n'a jamais compté autant d'immigrés et que les écarts culturels, sociétaux ou religieux n'ont jamais été aussi grands entre les pays d'émigration et d'immigration[120]. Soucieux d'une position équilibrée entre les démagogues du « grand remplacement » qui veulent stopper ce qu'ils nomment l'invasion des étrangers et les vigies de l'humanisme qui s'inquiètent de l'érection progressive d'une forteresse européenne et française face à la détresse des migrants, il est de ceux qui défendent à la fois une meilleure insertion pour ceux qui travaillent ou qui bénéficient du statut de réfugiés et une plus grande intransigeance pour les autres.

120. Didier Leschi, *Ce Grand Dérangement. L'immigration en face*, Gallimard, 2020.

À rebours de son analyse, François Héran, titulaire de la chaire migrations et sociétés au Collège de France, veut s'en tenir aux faits[121]. La population immigrée a progressé en France depuis vingt ans, mais moins que dans le reste de l'Europe. Les conditions d'octroi du droit d'asile ne sont pas les plus généreuses du continent, le taux de personnes protégées étant sensiblement inférieur à ceux de l'Allemagne, des pays nordiques ou même de la Grèce et de la Belgique. Quant aux aides sociales qui constitueraient un «appel d'air» pour toute la misère du monde, elles ne sont pas si attractives qu'elles provoqueraient un tsunami migratoire. La hausse du nombre d'étrangers en France résulte d'abord de la migration estudiantine et économique.

En réalité, l'immigration ou la régularisation zéro prônées par l'extrême droite sont des leurres dangereux qui auraient pour effet une fatidique montée du nombre d'irréguliers venant occuper des postes indispensables à certains secteurs d'activité. Un gouvernement progressiste devrait au contraire élargir les critères de régularisation pour les soustraire au bon vouloir des préfets et ainsi mettre fin à l'hypocrisie entourant le statut de travailleurs dits clandestins. Ceux-là qui contribuent à l'économie du bâtiment et des travaux publics avec la complicité bienveillante de leurs patrons, mais qui rasent les murs le matin et le soir pour ne pas se voir interpeller et sanctionner pour situation irrégulière. S'agissant des délinquants, en revanche, nulle faiblesse n'est possible: la loi doit s'exercer et les reconduites s'exécuter.

Quant à la régulation des flux migratoires, c'est un sujet dont le champ d'action est l'Europe. L'attractivité globale

121. François Héran, *Immigration: le grand déni*, Seuil, 2023.

d'un continent riche et démocratique ne saurait arrêter des populations sans espoir ou pourchassées dans leur pays d'origine. Plutôt que des barbelés, les guichets prévus par le nouveau pacte européen de la migration et de l'asile sont censés organiser la solidarité européenne pour la répartition des migrants. Le système de filtrage est dénoncé par les défenseurs du droit à la protection, qui soupçonnent un arrangement commode pour organiser des zones d'accueil, financées par les États-membres, aux frontières européennes. La vérité est que, pour réguler, mieux vaut agir à la racine et contribuer plus efficacement au développement des pays de départ.

Compromis nucléaire, bonus-malus fiscal climatique, entreprise multipartite, mobilité partagée, République écologique, sécurité citoyenne, fraternité inconditionnelle : telles sont les quelques pistes de réflexion qui pourraient nourrir un programme social-écologiste. Elles sont loin de constituer une synthèse, encore moins de résumer le grand débat qui devra traverser la société sur le modèle de développement compatible avec la limitation du réchauffement climatique. Ni de présager des choix diplomatiques et militaires qui devront être faits pour peser sur les orientations de l'Europe et défendre, coûte que coûte, les principes démocratiques face aux menaces totalitaires à l'échelle internationale. Reste à construire un tel projet social-écologiste, mais surtout à l'incarner pour espérer gagner la prochaine présidentielle, ultime corde de rappel pour contrer l'extrême droite.

CHAPITRE 6
Gagner la présidentielle

Le totem de l'union est diabolique. Il rassure le peuple de gauche, qui ne comprend pas toujours les querelles de chapelle. Il permet de démentir la thèse de Manuel Valls sur les «deux gauches irréconciliables». Il entretient la flamme portée par François Mitterrand puis Lionel Jospin et enfin François Hollande dans leurs conquêtes respectives du pouvoir. Il suscite des appels de personnalités de la société civile réclamant l'unité, comme encore lors de la campagne des législatives 2024. Au bout du compte, il génère un effet de loupe électoral face aux blocs adverses, et particulièrement celui de l'extrême droite.

Mais son pouvoir magique peut aussi être délétère. Façonnée dans le déséquilibre de l'emprise insoumise, l'union fabrique un résultat parlementaire satisfaisant, mais avec une audience limitée dans le pays. Enfermée dans une culture frondeuse et radicale, elle construit un programme qui n'est pas de nature à convaincre une majorité de Français. Minée par des intérêts divergents et par la volonté légitime des socialistes d'en rééquilibrer les fondements, elle propose le spectacle pathétique «recherche de Premier ministre» qui a occupé l'actualité politique au lendemain du deuxième tour des législatives anticipées.

Il n'y a jamais d'union facile, mais toujours des unions stratégiques. En l'occurrence, la Nupes puis le Nouveau Front populaire ont répondu avant tout à l'objectif de Jean-Luc Mélenchon de garder la main à la fois sur la ligne et le positionnement de l'alliance. Son empressement à rendre compliqué, voire impossible, un gouvernement de coalition dirigé par la gauche, après la dissolution, souligne sa priorité politique : préparer l'après. Les naïfs font mine de ne pas le voir ou d'être encore plus roués que lui. Les socialistes considèrent ainsi que le rééquilibrage constaté aux européennes, après la talentueuse campagne de Raphaël Glucksman, a sensiblement changé la donne. Les écologistes et les communistes, quant à eux, s'efforcent de jouer les entremetteurs.

Il ne reste qu'un recours durable pour solder la crise politique et empêcher Marine Le Pen d'arriver au pouvoir : l'élection présidentielle prévue en 2027. La fin de règne du macronisme et le malaise des Républicains augurent mal d'une candidature unique, consensuelle et rassembleuse de centre droit, qui reprenne les rênes d'un président ne pouvant se représenter. La division étalée au grand jour après la campagne des législatives laisse penser qu'un programme commun est peu probable entre les nostalgiques du « en même temps » et les soutiens d'une droite conservatrice reformatée. La fuite d'une partie des Républicains vers une union élargie de la droite et de l'extrême droite est une hypothèse supplémentaire compliquant le scénario.

L'autre script est déjà écrit. C'est la très probable candidature de Jean-Luc Mélenchon. Sauf empêchement – qui aboutirait, de toute façon, à la désignation d'un « repreneur » dans son camp –, elle est inscrite dans la stratégie du leader des insoumis. D'une certaine façon, le chamboulement des législatives anticipées l'arrange. Puisque la confrontation directe avec l'extrême droite est à l'agenda du Nouveau Front populaire, sur les décombres d'un système politique à bout de souffle, quoi de plus légitime qu'un combat électoral mené par celui qui, par deux fois, a écrasé le reste de ses concurrents à gauche et qui pourrait enfin se mesurer au deuxième tour face à Marine Le Pen ? Le problème est que le Rassemblement national en sortirait très certainement vainqueur, faute de réserve de voix prêtes à rallier celui qui concentre un maximum de rejets.

Ses alliés sont d'ailleurs bien embarrassés. Le totem de l'union, jusqu'à récemment, fonctionnait tant bien que mal. Peu avant la séquence ouverte par la dissolution, les plus fervents partisans d'une candidature unique de la gauche à la présidentielle faisaient mine de considérer, au sein même de La France insoumise comme dans les autres partis de la coalition, que la succession de Jean-Luc Mélenchon était déjà ouverte ou qu'une amicale pression pourrait le faire renoncer. Ils oubliaient un peu vite les leçons de l'avant-dernier chapitre de l'histoire, quand le leader insoumis, candidat sans états d'âme vis-à-vis du reste de son camp, avait su s'imposer par-dessus la primaire écologiste, le vote interne des socialistes et le simulacre tardif de primaire populaire.

Une candidature sociale-écologiste, meilleure chance de battre Le Pen

Il est désormais temps d'envisager une candidature sociale-écologiste qui propose un projet puisant à la fois aux racines sociales-démocrates et à l'avenir écologiste. Celle-ci se démarquerait d'une gauche insoumise dont la radicalité et les dérapages heurtent une majorité de l'électorat progressiste. Elle viserait à réunir les combattants opiniâtres d'une transition juste, les nostalgiques d'un réformisme tranchant mais progressif et tous les convaincus du cul-de-sac électoral et politique auquel conduit la polarisation mortifère du débat démocratique. Elle conduirait un rassemblement démontant les frontières parfois artificielles entre les pourfendeurs et les déçus du président pyromane. Elle se présenterait, en réalité, comme la seule chance sérieuse d'éviter l'extrême droite sur le perron de l'Élysée.

Comment y parvenir? En deux temps. D'abord, l'élaboration d'un projet n'est imaginable que dans le dialogue et l'écoute. Il est nécessaire de prendre le pouls des mouvements syndicaux, associatifs et citoyens qui recueillent et expriment les revendications et colères populaires, avec un ancrage aussi profond, parfois même plus, que des partis d'élus aujourd'hui sans militants. Une piste pourrait être l'organisation d'états généraux de la transition pour délibérer, en commun, de la meilleure articulation possible entre les objectifs de décarbonation rapide de l'économie et ceux de la réduction drastique des inégalités. Convaincre une opinion égarée dans les illusions du populisme demande humilité et patience. Énoncer des mesures qui ébranlent les réflexes de défiance implique audace et raison. Pour réunir une majorité de suffrages dans la compétition présidentielle, nul besoin d'en appeler au changement total. Les Français sont vaccinés. Ils savent bien que les offres politiques les plus radicales à gauche sont à la fois inapplicables et… inappliquées.

Ensuite, viendrait le temps de la ratification d'une candidature. De façon générale, la gauche et les écologistes ne sont pas les plus démunis pour imaginer des solutions, parfois étonnantes. Les hypothèses fleurissent déjà, non exemptes de calculs et de non-dits, qui tournent autour de deux procédures possibles. La première serait de s'en remettre à une forme de primaire. Chacun en mesure les risques au vu des dégâts constatés aussi bien du côté socialiste, en 2017, que du côté écologiste, en 2022. La menace de l'extrême droite inciterait-elle à élargir le corps électoral – et les candidatures – bien au-delà des soutiens militants ? Garantirait-elle la loyauté et le rassemblement de toutes les parties prenantes après la confrontation des idées ?

La deuxième procédure serait plus consensuelle mais moins démocratique. Elle ferait appel à la raison des partis et des forces politiques engagés dans l'aventure en donnant à un collège de personnalités non encartées la responsabilité de proposer une candidature qui s'impose à tous. Un tel choix ne manquerait pas d'attiser les stratégies d'influence des uns et des autres, ni de soulever la question de la légitimité politique d'une désignation hors sol. À moins que l'évidence ne finisse par s'imposer autour d'une personnalité capable de ratisser large, autour d'un projet crédible. Des ex-insoumis aux déçus du macronisme, les prétendants, en tout cas, ne manquent pas.

Qui pour incarner la social-écologie ?

Les ex-insoumis

Dans la branche des répudiés de la famille insoumise, François Ruffin a choisi d'occuper la *pole position*. Le député de la Somme, qui a grandi dans une famille aisée d'Amiens et étudié au lycée privé La Providence, comme Emmanuel Macron, a pris très jeune ses distances avec la bourgeoisie provinciale. Son histoire est celle d'un activiste particulièrement doué. Après avoir lancé un journal associatif, *Fakir*, dont les sujets et les éditoriaux épousaient les combats sociaux et altermondialistes des années 2000, son coup d'éclat a été la réalisation de *Merci patron !*, un documentaire à charge contre les pratiques de délocalisation du président de LVMH, Bernard Arnault. Le film a fait l'objet de censures ou de pressions diverses de la part de la maison de luxe, qui n'a pas hésité à faire espionner son auteur. À sa sortie, début 2016, il est vite devenu une référence pour les opposants à la loi travail du quinquennat Hollande, organisateurs de l'éphémère mouvement Nuit debout, auquel le réalisateur apporta son soutien.

Sa fibre sociale, aux côtés des ouvriers maltraités, l'a conduit à s'investir en politique, dès 2017, avec le soutien des insoumis. Son credo est le suivant : les voix qui ont manqué pour être qualifié au second tour de la présidentielle de 2022 sont celles des électeurs modestes des zones rurales et périurbaines. Il faut donc les reconquérir en ne considérant plus les banlieues populaires des grandes agglomérations comme la cible électorale principale[122]. Au cœur de son analyse figure la revalorisation du travail des salariés de la deuxième ligne. Ce sont eux qui font tourner l'économie, mais ils considèrent souvent les chômeurs comme des « assistés » et, faute d'attention suffisante de la gauche depuis trop longtemps, apportent de plus en plus leurs voix au Rassemblement national.

Ne laissant plus de doute sur son ambition présidentielle, il multiplie les contacts, organise ses réseaux, monte son association de financement, bref se prépare, comme il est coutume de dire. Et le monde des affaires le regarde

122. François Ruffin, *Je vous écris du front de la Somme*, Les liens qui libèrent, 2022.

avec curiosité. Depuis qu'il a pris le risque calculé de se définir comme social-démocrate, à l'automne 2022, puis de soutenir les candidats insoumis non réinvestis en 2024, François Ruffin a déroulé une stratégie de communication méthodique en dérapage de moins en moins contrôlé par rapport à La France insoumise. Ses incartades ont obligé Jean-Luc Mélenchon, qui l'avait longtemps ménagé, à constater la rupture. Il a sonné la charge finale – pas très élégante – entre les deux tours des législatives de 2024 pour dire que la seule évocation du nom de son ex-mentor lui faisait perdre des voix…

François Ruffin n'est pas le seul insoumis répudié à se préparer. Clémentine Autain piétine à la porte d'une grande aventure électorale depuis qu'elle a crânement tenté sa chance, sans succès, de représenter, lors de la présidentielle de 2007, les partisans du «non» au référendum de 2005. Surdouée de la politique depuis son plus jeune âge, compagne de route du Parti communiste, adjointe à la jeunesse de Bertrand Delanoë quand il était maire de Paris, elle a flirté avec le Nouveau Parti anticapitaliste d'Olivier Besancenot avant de participer à différents mouvements de la gauche radicale. Son plaidoyer pour l'union des anticapitalistes lui a valu d'être élue députée en 2017, avec le soutien des insoumis et des communistes, puis réélue sous l'étiquette Nupes et Nouveau Front populaire.

Clémentine Autain a des atouts. Ardente militante de la cause féministe, elle en incarne tous les combats sur les plateaux de télévision, dont elle est une bonne cliente, et dans des livres de témoignage ou de fiction. Son talent argumentaire en a fait naturellement une porte-parole de Jean-Luc Mélenchon, avant qu'elle ne prenne ses distances au moment de l'affaire Adrien Quatennens, accusé de violences conjugales, qui a secoué son organisation. Rangée dans la catégorie des réfractaires et écartée, comme quelques autres, du groupe dirigeant de La France insoumise, elle trace maintenant son chemin indépendant en se revendiquant sociale-écologiste. Comme François Ruffin, elle fait savoir qu'elle s'organise mais, comme lui, aurait-elle la capacité de rassembler au-delà du bassin électoral actuel de la gauche ?

Les chapeaux à plumes communistes, écologistes et socialistes

La trajectoire contestée de Jean-Luc Mélenchon aiguise naturellement les ambitions au sein même des partis alliés dans le Nouveau Front populaire. Son meilleur ennemi s'appelle Fabien Roussel. Prenant acte de la fin de leur compagnonnage dans le Front de gauche, qui avait duré une décennie entre 2009 et 2018, le secrétaire national du Parti communiste a choisi de faire cavalier seul pour la présidentielle de 2022. Ses 800 000 voix, au premier tour, ont sans doute manqué au leader insoumis pour être qualifié au second, donnant le sentiment d'un remake de 2002, quand la candidature de Christiane Taubira avait abouti à l'élimination de Lionel Jospin. Depuis, les relations sont plutôt fraîches, d'autant que les communistes ne manquent jamais l'occasion de dénoncer la volonté hégémonique de La France insoumise et souhaitent l'ouverture d'une nouvelle page dans le rassemblement de la gauche et des écologistes.

Fabien Roussel se sentait pousser des ailes[123]. Sa dernière campagne présidentielle, quelque peu provocatrice, en défense des salariés plutôt que des « assistés », du

123. Fabien Roussel, *Les jours heureux sont devant nous*, Le Cherche-Midi, 2023.

barbecue plutôt que du véganisme, lui avait valu de solides inimitiés à gauche mais une notoriété croissante dans l'opinion. Il se voyait bien concourir ouvertement à la candidature, au nom d'une union plus classique entre partis se réclamant d'un projet social, écologique et démocratique. Mais son échec sans appel aux législatives anticipées de 2024, son penchant individualiste et la marque politique qu'il défend, toujours suspecte d'amitiés peu recommandables de par le monde, le handicapent sérieusement.

Chez les Écologistes, les talents ne manquent pas, même si leur culture groupusculaire et minoritaire les confine dans un espace politique restreint alors que la question politique écologiste devient centrale. La très médiatique Sandrine Rousseau défend un écoféminisme qui séduit les jeunes générations, et revendique une radicalité dans le débat public qui n'a rien à envier à celle des insoumis, avec lesquels sa proximité n'est pas un secret. C'est peut-être son point faible pour devenir l'épicentre de l'unité. De son côté, Marine Tondelier, secrétaire nationale des Écologistes, a pris la lumière en assurant la première ligne de la négociation ultrarapide ayant conduit au Nouveau Front populaire. Sa veste verte et son franc-parler sont devenus une référence. Son expérience du combat électoral contre le Rassemblement national, dans le Pas-de-Calais, peut être considérée comme un atout. Sans mandat électif national, son expérience paraît néanmoins un peu courte.

Yannick Jadot a pour lui le bénéfice d'une notoriété certaine et de l'expérience d'une campagne présidentielle, même manquée. Nul doute qu'il en imagine une deuxième, en tirant les leçons de la première. Mais sur quel positionnement ? Celui qui a installé l'idée d'une écologie de gouvernement hésite toujours entre ses intuitions (élargir l'union bien au-delà de l'accord électoral de circonstance aux dernières législatives) et la fidélité à son parti pour consolider sa carrière politique désormais au Sénat. Sa bonne image auprès d'un électorat progressiste modéré est quelque peu ternie, parfois, par des prises de position trop en phase avec un parti écologiste jugé très radical. Client apprécié des médias, il peut se lancer dans la course à l'investiture 2027, mais son échec de 2022 a instillé le doute sur sa capacité à transformer un capital réputationnel en un résultat électoral.

Du côté du Parti socialiste, un vent favorable s'est levé, comme si l'isolationnisme et l'agressivité de La France insoumise lui redonnaient soudain une légitimité de parti dominant à gauche. Le résultat des élections européennes l'a requinqué, d'autant que sa tête de liste, pourtant non affiliée, a toujours pris soin d'afficher sa loyauté. À la manœuvre, Olivier Faure peut respirer. Élu premier secrétaire à la suite de la déroute de 2017, il a épousé la ligne politique des frondeurs et dressé un inventaire sévère du quinquennat de François Hollande. Ce qui lui a valu l'hostilité ouverte de beaucoup de figures socialistes. Optant pour une nouvelle union avec toutes les composantes de la gauche, il a rongé son frein en assistant à sa division lors de la présidentielle de 2022. Soutien forcé d'Anne Hidalgo, il a pris ses distances avant le scrutin, estimant avoir été mis hors-jeu. Et il a plongé tête la première dans la proposition que lui a faite Jean-Luc Mélenchon de constituer la Nupes et de sauver, ainsi, le groupe socialiste à l'Assemblée nationale.

La trajectoire n'est pas glorieuse mais a le mérite d'une certaine ténacité dans un ancrage résolument à gauche. Sa réélection au premier tour dans sa circonscription en fait un baron de l'union. D'autant que la stratégie conflictuelle de La France insoumise lui permet à bon compte de manifester son indépendance et de faire taire son opposition interne. Le voilà finalement patron d'un parti autour duquel les alliances devraient se nouer lors des prochaines élections municipales et régionales. Alors, pourquoi ne pas envisager aussi la présidentielle ? Bon élève de la politique, Olivier Faure pourrait légitimement prétendre qu'une candidature socialiste unitaire serait logique et de nature à attirer un électorat regrettant son allégeance passée à Emmanuel Macron. Logique, peut-être, mais ne lui manque-t-il pas le charisme d'un leader pour emporter l'adhésion ?

Un autre socialiste y songe. Dans la famille Vallaud-Belkacem, on connaissait plutôt Najat, ministre de l'Éducation nationale dans la deuxième partie du quinquennat Hollande. Il faut compter maintenant avec Boris, ancien collaborateur d'Arnaud Montebourg, devenu secrétaire général adjoint de la présidence de la République en 2014 puis député en 2017. Brillamment réélu en 2022 et 2024, il connaît parfaitement les rouages du pouvoir. Habile et diplomate, il n'a pas d'ennemis à gauche, se garde bien de toute polémique et reste dans son couloir d'opposant résolu mais constructif. Il incarne parfaitement la nouvelle génération socialiste, fatiguée des éléphants et décidée à reconquérir le pouvoir. Il travaille à un nouveau logiciel, plus réaliste que le programme du Nouveau Front Populaire. Sera-t-il suivi ?

D'autres figures, socialistes, dans l'opposition interne à Olivier Faure mais ralliées au Nouveau Front populaire, s'imaginent un possible destin national. C'est le cas de Carole Delga, présidente de la région Occitanie, dont le parcours et la rhétorique en bordure de son parti ne sont pas sans rappeler la stratégie de Ségolène Royal, à partir de 2005, pour imposer l'idée de sa candidature. Elle active contacts et réseaux, à Paris notamment, pour convaincre de son profil et de sa détermination. Contre la gauche de l'invective, elle prône celle du rassemblement, mais son obstination à défendre un projet d'autoroute dénoncé par ses cousins écologistes souligne sans doute sa limite à incarner la famille réunie de la social-écologie.

Des figures anciennes et nouvelles

François Hollande caracole aux premières places des palmarès des personnalités politiques en termes de popularité. Ce n'est certainement pas la marque d'un soutien politique inconditionnel. Plutôt la preuve d'une forme de nostalgie à l'égard d'un président de la République souvent injustement décrié et toujours perçu comme sympathique. Les files d'attente pour se faire dédicacer ses ouvrages révèlent un public moins énervé et plus reconnaissant que les chefs de son ancien parti à l'égard du dernier président de gauche en exercice. Lequel manifeste régulièrement une hostilité raisonnable mais sévère envers son successeur qui l'a trahi. « Le président des riches ? Non, le président des très riches », c'est lui. « Emmanuel Macron n'a pas pris les voix du Rassemblement national. Il a pris ses idées », c'est encore lui.

Il y a quelques mois, François Hollande traçait sa route d'opposant encore disponible pour reprendre du service et soignant une hauteur de vue internationale[124]. Dans ses vœux pour 2024, il envisageait, sibyllin, d'ouvrir un nouveau temps d'espoir. Au fil de ses pérégrinations dans tous

124. François Hollande, *Bouleversements. Pour comprendre la nouvelle donne mondiale*, Stock, 2022.

les coins de France, il prenait soin de l'écoute et du dialogue avec un public en attente d'une perspective politique entraînante, moins rugueuse et plus ouverte que la Nupes, mêlant la considération sociale et l'urgence écologique. Il y travaillait encore, avant la dissolution, avec experts et fidèles qui ne renoncent pas à changer le cours inquiétant d'un pays en proie aux renoncements.

Le voilà de retour à l'occasion des législatives anticipées. Au nom de l'urgence et de ce qu'il considère comme une situation dramatique, il est redescendu dans l'arène sous l'étiquette d'une alliance à l'égard de laquelle, précédemment, il ne ménageait pas ses critiques. Mais nécessité fait loi, selon lui. Prenant bien soin de rester à l'écart des bisbilles entre groupes parlementaires du Nouveau Front populaire, il entend endosser l'habit d'opposant principal au Rassemblement national. Son calcul est simple. L'issue de la crise politique est incertaine, son rythme imprévisible et, le moment venu, il pourra être bien utile d'avoir à disposition un candidat d'union contre Marine Le Pen dont les talents de campagne et de débatteur et l'expérience du pouvoir ne peuvent pas être contestés.

Un parfum de revanche? Sa popularité sondagière est surprenante pour qui s'enquiert, dans le Paris politique et médiatique, de son possible retour à l'Élysée. La victoire culturelle des frondeurs est encore dans toutes les têtes d'une frange de la gauche pour laquelle l'idée du come-back paraît non seulement incongrue – son bilan ne le permettrait pas – mais inimaginable – les rancœurs justifiées ou injustifiées empêcheraient tout engouement. François Hollande, lui, est optimiste: c'est sa nature. Il croit à la résurrection d'une famille et d'un électorat progressistes qui se donnent les moyens de reconquérir le pouvoir. La lente agonie politique de son successeur l'oblige et l'encourage à redonner fierté à la France. Saura-t-il convaincre et embarquer tous ses détracteurs qui peuplent les partis alliés dans le Nouveau Front populaire ? L'hypothèse reste ténue.

Raphaël Glucksman, de son côté, n'a pas de chance. Son succès aux élections européennes a trop vite été recouvert par l'annonce des législatives anticipées. Peu aguerri aux changements de pied tactiques, il s'est cherché dans les tractations unitaires qui ont suivi pour finalement se rallier, un peu à contrecœur, à la nouvelle alliance. Un autre calendrier lui aurait sans doute permis de se présenter en héros d'une nouvelle force bien décidée à en finir avec l'encombrant allié insoumis, dont les positions sur l'Europe ou sur l'Ukraine sont opposées aux siennes. Mais la logique partidaire a vite repris le dessus, les socialistes le félicitant pour sa performance mais passant vite à la reconstitution de l'union de toutes les gauches. Il a pris soin, toutefois, de faire entendre sa petite musique favorable à un gouvernement de coalition.

Son aura demeure intacte auprès des médias, toujours prompts à fabriquer de nouveaux leaders politiques. Européen, progressiste et gardant soigneusement ses distances avec les appareils politiciens, il peut toujours considérer le Parlement européen comme un tremplin utile vers un autre destin. C'est un avantage pour éviter de s'enliser dans les querelles unitaires. C'est un inconvénient pour construire une candidature qui rallie des forces éparses et s'impose naturellement dans l'opinion. Dans ces conditions, son avenir, *a priori*, devrait se construire plutôt à Bruxelles qu'à Paris. Pas de quoi l'empêcher, cependant, de se positionner sur le banc de touche de la sélection présidentielle. Après tout, il a redonné des couleurs à la famille sociale-démocrate et son profil est adéquat pour réunir tous les cousins écologistes, progressistes et démocrates.

En pleine campagne législative, Raphaël Glucksman avait lâché le nom de Laurent Berger comme possible Premier ministre. Un présage présidentiel ? L'homme est à la retraite du syndicalisme mais pas de la réflexion sur la crise sociale, climatique et démocratique qui secoue le pays. Son engagement permanent pour l'obtention d'avancées sociales par la négociation plutôt que par la confrontation ne l'a pas empêché, devant la porte close du pouvoir, de conduire savamment – mais sans résultat final – la protestation syndicale unitaire contre la réforme des retraites. L'ancien leader de la CFDT est désormais replié dans un nouveau métier qui lui laisse le temps d'observer, d'écrire et d'animer son collectif Le Pouvoir de vivre. Et de prendre ouvertement position contre le Rassemblement national.

Depuis un certain temps, des intellectuels progressistes se laissent aller à espérer son surgissement en politique. Il incarnerait le bon point d'équilibre entre une gauche électorale morale, soucieuse de ne pas déroger à ses valeurs sociétales, et un électorat populaire abstentionniste, qui aimerait que les politiques s'intéressent un peu plus à ses conditions d'existence. Sa conception du dialogue et de la discussion viendrait heureusement trancher avec le bruit et la fureur des insoumis pour convaincre bien au-delà des forces de gauche. Ne serait-il pas le client idéal pour débattre entre les deux tours avec Marine Le Pen, ses mots choisis et son ton apaisé tranchant avec les éléments de langage d'extrême droite ?

Un leader syndical ne fait pas nécessairement un leader politique. La France n'est pas le Brésil et Laurent Berger n'est pas Lula. Sa trajectoire de militant, dans une organisation profondément rétive aux rapports incestueux avec le politique, explique le non catégorique qu'il a opposé, dès le départ, à ses interlocuteurs pressés de le voir s'engager. Il ne s'interdit pas de participer au débat public[125] mais reste rétif à l'idée d'une entrée sur une scène dont il n'apprécie ni les acteurs, ni leurs codes, ni leurs mœurs. C'est tout à l'honneur d'un syndicaliste intègre dont l'image pourrait pâtir d'une irruption précipitée et mal contrôlée. Mais ses partisans ne renoncent pas à obtenir finalement gain de cause.

Bernard Cazeneuve, pour sa part, a été le premier à se déclarer prétendant à une campagne présidentielle au lendemain de l'accord électoral scellé pour fonder la Nupes. Quelques heures après la signature, il a claqué la porte du Parti socialiste pour devenir, *ipso facto*, la boussole des anti-Nupes au sein de la gauche. Le fidèle ministre de François Hollande, qui a occupé Matignon les cinq derniers mois du quinquennat, n'est pas du genre frondeur et a décidé de s'organiser en vue de 2027. Son mouvement La Convention, dont le nombre de militants est sans doute inversement proportionnel à sa notoriété médiatique, lui sert de marchepied. Sa ligne politique est claire. Face à la menace du Rassemblement national, la seule alternative possible est une offre émanant de la famille sociale-démocrate et humaniste[126].

Patatras ! La dissolution et le ralliement de François Hollande à l'union de la gauche nouvelle formule le privent du soutien discret dont il bénéficiait de la part de l'ancien président et de divers clubs de réflexion sociaux-démocrates. Il n'est pas homme à renoncer à ses idées,

125. Laurent Berger, *Du mépris à la colère*, *op. cit.*
126. Bernard Cazeneuve, *Ma vie avec Mauriac*, Gallimard, 2023.

mais se retrouve bien seul à l'écart. Son positionnement, nettement plus social et républicain qu'écologiste, vise à rassurer l'opinion quant aux conséquences de la transition climatique et des désordres liés à l'insécurité. L'approche régalienne est certainement son point fort, mais le style probablement son point faible. Tenue soignée, verbe policé et formules soupesées du désormais avocat d'affaires prennent délibérément à revers la rudesse du débat politique et l'enjeu de reconquête des classes défavorisées. Sont-ils de nature à entraîner les foules ?

D'autres figures pourraient lorgner 2027, en offrant leur notoriété médiatique à la cause sociale-écologique. Jean-Marc Jancovici est certainement l'une des personnalités les mieux armées pour penser la transition dans toutes ses conséquences industrielles et sociales. Ingénieur avant tout, il est cependant mal câblé, *a priori*, pour appréhender la négociation politique. Trop raide, trop sectaire, soulignent ses détracteurs. Parmi les jeunes activistes du climat, une figure nouvelle comme Camille Étienne serait sans doute en mesure de prétendre obtenir le soutien de la jeunesse militante et d'un électorat séduit par son engagement empathique. Bretteuse partout, de l'université d'été du Medef jusqu'à la cérémonie des Césars, militante omniprésente, elle n'a toutefois pas encore acquis le statut de stratège politique.

Reste l'hypothèse d'un macroniste de gauche pour conduire une campagne anti-Le Pen. La mésaventure du courant progressiste de la majorité, lors de la loi immigration et du remaniement qui a suivi, pouvait inciter à penser que ses leaders assument une rupture politique les déportant vers le centre-gauche. Hormis le ministre Aurélien Rousseau, haut fonctionnaire plutôt que politique, rallié au Nouveau Front populaire, ce n'est pas le choix qui a été fait par les uns et par les autres. Le plus médiatique d'entre eux, Clément Beaune, a tergiversé, renoncé à franchir le pas mais assumé son opposition à la stratégie présidentielle, avant de perdre la compétition législative face au premier adjoint de la maire de Paris.

Madame X

Faute de candidat naturel, et dans l'urgence d'un contexte politique fragile qui pourrait précipiter une élection présidentielle, il n'est pas interdit de brosser le portrait idéal de la personnalité susceptible d'incarner au mieux un projet social-écologiste de gouvernement. D'autant que l'histoire récente a montré que la compétition n'était plus l'apanage de candidats issus des formations historiques de la gauche et de la droite, mais réservait quelques surprises. Depuis l'aventure réussie d'Emmanuel Macron en 2017, la logique d'offre – «j'y vais, suivez-moi» – a fait des émules, comme Éric Zemmour en 2022, tandis qu'elle ringardisait des procédures de sélection par des primaires finalement pénalisantes pour leurs vainqueurs. Les verrous d'une candidature semblent avoir sauté. Pourquoi afficher son appartenance à un parti qui subit, comme les autres, un discrédit dans l'opinion? Pourquoi concourir à des primaires ouvertes dont l'assise électorale s'étiole au fil du temps? Pourquoi, finalement, ne pas être auto-entrepreneur de sa propre ambition?

En France, le droit d'entrée dans la campagne est particulièrement faible. L'argent? Les règles sont heureusement parmi les plus restrictives au monde. La limitation draconienne des dépenses permet de postuler, sous réserve de réunir quelques millions d'euros. Les cinq cents signatures d'élus indispensables à la validation par le Conseil constitutionnel ? Le barrage est relativement facile à franchir. L'expérience montre que, même inconnues ou marginales, des candidatures parvenaient à rassembler les paraphes. La reconnaissance de l'opinion ? C'est affaire de culot et de transgression. Une bonne stratégie de l'audience, à l'heure des réseaux sociaux, est un précieux sésame pour articuler l'inconvenance et la respectabilité.

Il n'empêche que, pour défendre la social-écologie en 2027, un certain nombre de qualités paraissent requises. La première, indispensable : une notoriété sans laquelle il est illusoire d'intéresser les médias, incontournables vecteurs du débat. Peu importent les acclamations ou les sifflets que cette renommée provoque. L'important n'est pas de participer, au risque de seulement témoigner, mais d'exister, pour être en mesure d'imposer sujets et disputes à l'agenda. Emmanuel Macron comme Éric Zemmour ont démontré, chacun dans son genre, que ce socle de départ était indispensable pour s'inscrire dans le match et, ce qui n'est pas secondaire, obtenir sa place dans les sondages d'intentions de vote, même incertains ou décevants au départ.

Deuxième qualité : l'engagement écologique indiscutable. Au train où vont les choses, le Rassemblement national va tenter de faire du prochain débat présidentiel un référendum sur l'immigration. Ce serait évidemment une erreur d'y céder. La conscience mûrit dans l'opinion que la question n'est pas la bonne et qu'elle ne saurait éclipser les conséquences fâcheuses d'un déni climatique qui se heurte au réel. Les progrès trop lents dans l'atteinte des objectifs de décarbonation, les piqûres de rappel du Giec et d'autres organismes scientifiques, les conséquences déjà mesurables de l'inaction feront de la bifurcation une discussion majeure. Prime sera donnée à des propositions portées par une personnalité répertoriée comme aguerrie et non opportuniste sur le sujet.

Troisième qualité : la dissonance. La défiance des électeurs vis-à-vis des politiques les conduit à privilégier l'écoute de ce qui n'est pas attendu, de ce qui fait grincer les certitudes plutôt que de les conforter. En matière de transition, par exemple, se déclarer accommodant avec le nucléaire quand on se revendique écologiste, ou s'interroger sur la décroissance quand on se réclame de la social-démocratie, a plus de chances de booster l'audience que l'inverse. En l'occurrence, le positionnement social-écologiste suppose radicalité et réalisme dans le langage. La promesse d'une transition de rupture pour protéger le vivant et réduire les inégalités doit se conjuguer avec une plaidoirie de raison en faveur de pratiques politiques tempérantes, respectueuses et conciliatrices.

Quatrième qualité : l'expérience du pouvoir. Pour être gagnante, une candidature à la présidentielle exige de démontrer des capacités avérées à diriger l'État. Avoir détenu un portefeuille ministériel ou bien connaître les arcanes de l'État et de la haute administration sont des atouts bienvenus. Il est difficile de porter à l'Élysée une personnalité qui n'aurait pas l'expérience suffisante pour affronter l'inertie de corps administratifs peu enclins au bouleversement des habitudes, l'aura indiscutable pour constituer une équipe gouvernementale non néophyte et une vision européenne qui permette de coordonner l'engagement dans la transition écologique.

Il existe peut-être un cinquième atout, maître celui-ci. Plusieurs études publiées dans la presse anglo-saxonne révèlent que, dans les jeunes générations des pays développés, les femmes se montrent beaucoup plus progressistes que les hommes. Et l'élection de Claudia Sheinbaum au Mexique, dans un pays culturellement encore très machiste, indique que le plafond de verre est en train de se fissurer. Et si, pour assumer cette transgression légitime du pouvoir masculin, pour éviter que la première femme présidente de la République en France ne soit Marine Le Pen, le candidat idéal pour une alternative sociale-écologiste était… une candidate ? Dans l'expectative, et par commodité, appelons-la Madame X.

REMERCIEMENTS

Je tiens à saluer les premiers lecteurs de mon manuscrit inachevé. Alain, Cécile, Lucile, Mathieu, Thierry, Sophie et Stéphane, qui se reconnaîtront, m'ont apporté un regard précieux et des remarques utiles.

Achevé d'imprimer en août 2024 par CPI (France)
Numéro d'impression : 2079410
Dépôt légal : août 2024